청소년들의 진로와 직업 탐색을 위한
잡프러포즈 시리즈 16

재미있게 살고 싶다면

예능
피디

재미있게 살고 싶다면

예능
피디

신정수 지음

웃음은 강장제이고,
안정제이며,
진통제이다.

– 찰리 채플린 Charles Chaplin –

행복해서 웃는 것이 아니라
웃어서 행복한 것이다.

− 윌리엄 제임스 William James −

C · O · N · T · E · N · T · S

예능 PD 신정수의 프러포즈 _012

첫인사 _015

★ **신정수 잡스** Job Story 1 :
음악퀴즈 소년
학창 시절에 어떤 학생이었어요 _024
음악의 어떤 점이 좋았나요 _026
학창시절의 꿈은 뭐였나요 _028
대학 시절은 어떻게 보냈어요 _032
PD 진로는 언제, 어떻게 정했나요 _034

★ **신정수 잡스** Job Story 2 :
MBC 입사, 6년의 혹독한 훈련
MBC 공채시험, 어떻게 통과했어요 _038
합격한 후에는 어떻게 되죠 _041
AD가 하는 일을 알려 주세요 _042
AD 초봉은 얼마인가요 _044
남녀 성비는 어떤가요 _045
어떤 고민을 제일 많이 하나요 _047
고비를 어떻게 넘겼나요 _051
요즘은 배우는 시간이 덜 걸리지 않나요 _052

숙련 기간이 꼭 필요한가요 _053

그만큼 책임이 무거운 자리겠지요 _055

적성에 맞으면 고생이 아닌 거네요 _057

고생을 피하고 싶은 친구들에게 조언해 주세요 _058

★ 신정수 잡스 Job Story 3 :
대중 마음에 꽃을 피우다

중요한 마디가 된 프로그램이 뭐예요 _064

2011년, 〈나는 가수다〉는 어떤 작품인가요 _069

예능 프로그램이란 무엇인가요 _074

방송과 예능의 역사는 어떻게 되나요 _075

예능 프로그램의 목적은 무엇인가요 _078

PD가 하는 일을 알려 주세요 _080

시트콤은 예능인가요, 드라마인가요 _084

이 직업의 가장 큰 장점은 무엇인가요 _086

예능 PD에게 가장 중요한 능력은 무엇인가요 _090

공감 능력을 높이는 방법이 있나요 _092

'공감시키고 싶다.'는 생각으로 만든 프로그램은요 _094

사회적인 공감대를 크게 이뤄낸 작품이 있나요 _095

창작의 고통이 있나요 _096

외주사보다 방송사의 작업 환경이 좋나요 _097

아이디어를 어떻게 얻는 거예요 _099

C·O·N·T·E·N·T·S

예능 PD가 모이면 재미있나요 _101
예능 PD가 제일 많이 만나는 사람들은 누군가요 _103
TV가 우리에게 주는 나쁜 영향은 뭐가 있을까요 _106
예능 프로그램이 우리 생활에 도움이 될까요 _109
프로그램 제작 과정을 공부해볼까요 _110
제작된 프로그램은 어떻게 보급되나요 _130
프로그램은 어떻게 평가 받아요 _132
프로그램 수입과 지출이 궁금합니다 _134
광고 완판이라는 게 무슨 말이죠 _136
서로 다른 의견들을 어떻게 하나로 모으나요 _139
최근에 어떤 결정이 가장 힘들었나요 _141
연예인을 자주 만나서 좋은 점, 나쁜 점을 들려주세요 _143
PD가 연예인을 캐스팅하는 과정이 궁금해요 _144
PD는 갑, 을, 병, 정 중에 '갑'인가요 _147
가장 행복하다고 느낄 때가 언제인가요 _148
예능 PD의 직업병이 있나요 _149
스트레스, 어떻게 해소하나요 _150
이 직업을 묘사한 작품이 있을까요 _151
PD가 되고 나서 그 다음 승진이 있나요 _152
예능 PD의 일과를 알려 주세요 _153
근무 시간은 어떻게 되나요 _155
정년과 노후대책은 어떻게 되죠 _156
다른 분야로 진출할 수 있나요 _157

★ 신정수 잡스 Job Story 4 :

한국 예능의 위상, 중국에 상륙하다

우리나라 예능 프로그램의 경쟁력은 어떤가요 _161

외국에서 제일 먼저 따라한 프로그램은 뭔가요 _166

우리나라 예능을 좋아하는 이유가 뭐죠 _167

예전에는 일본 프로그램을 베끼지 않았나요 _170

우리 예능이 다른 나라 예능보다 훨씬 재미있나요 _171

표절에 대해서 어떻게 대응하나요 _172

중국 방송 경험 들려주세요 _174

문화의 차이를 극복할 수 있는 방법이 있나요 _176

한국 아이돌 인기가 그렇게 대단한가요 _178

우리나라에 방송 인력이 많은 편인가요 _180

예능 PD가 가장 많은 스카우트 제의를 받나요 _181

방송 제작 환경이 많이 다르죠 _182

미래 전망이 좋은 직업 중 하나네요 _185

★ 신정수 잡스 Job Story 5 :

예능 PD, 한국 대중음악의 공존을 꿈꾸다

가장 최근 프로그램을 소개해 주세요 _189

제목이 왜 〈음악의 공존〉인가요 _191

미래의 방송과 예능 PD의 역할은 어떻게 변할까요 _193

프로듀서와 디렉터의 역할이 분리될까요 _196

C·O·N·T·E·N·T·S

스타 PD의 시대. 긍정적인가요 _197

넷플릭스에 대해 설명 좀 해 주세요 _199

방송 관련 직업이 왜 인기가 많을까요 _201

방송사의 영향력은 점점 줄어들지 않을까요 _202

방송사에 연예인이랑 관련 없는 직업도 많죠 _203

과학 기술의 발전이 방송에 큰 영향을 끼치나요 _205

모바일 혁명이 가장 큰 변화를 가져온 것 같아요 _207

★ 신정수 잡스 Job Story 6 :
다시 태어난다면 학생들과 함께 Fun Fun~

예능 PD가 되는 방법을 알려 주세요 _212

1인 미디어 활동이 PD가 되는 데 도움이 되나요 _214

1년에 몇 명 뽑아요 _216

학창 시절에 잘해야 되는 과목이나 분야가 있나요 _218

대학을 안 나와도 예능 PD가 될 수 있나요 _220

필기시험 제도가 꼭 필요할까요 _222

어떤 사람이 예능 PD가 되면 좋을까요 _224

청소년 시절에 어떤 경험을 하면 좋을까요 _226

인생의 멘토는 누구예요 _227

실패담과 성공담이 궁금해요 _228

어떤 아빠세요 _231

선생님의 미래는 어떤 모습일까요 _234

예능 PD로서 어떤 세상을 꿈꾸시나요 _235
다시 태어난다면 어떤 직업을 갖고 싶나요 _236
이 책을 마치며 _238

propose!

청소년 여러분, 안녕하세요.
예능 PD 신정수입니다.

방송은
가장 가깝고 늘 편안하게 만날
수 있는 문화입니다. 예전에는 TV
화면에서 봤지만, 지금은 핸드폰을
통해 1년 365일, 24시간 매 순간을 접할 수 있는
내 손 위의 대중문화가 되었습니다.

예능 프로그램은
사람들에게 웃음, 눈물, 감동, 재미를 줍니다.
고단한 하루를 마치고 휴식이 필요할 때 TV를 켜고 채널을
돌립니다.
TV 속에는 코미디, 쇼, 시트콤, 리얼 버라이어티,
토크쇼, 서바이벌 프로그램 등이 여러분들을

항상 기다리고 있습니다.

'재미가 없으면 TV가 아니다.'

예능 PD가 목숨처럼 여기는 신념입니다.

'다음 장면은 어떤 이야기가 전개될까?'

'저 연예인은 저 상황에서 어떻게 반응할까?'

이렇게 '눈을 뗄 수 없게 만드는 힘'이 재미입니다.

예능 PD는

사람들의 삶과 모습을 세밀하게 관찰합니다.

보통 사람들이 웃고, 울고, 감동하는 상황이

예능 프로그램의 소재가 되어야 합니다.

그래야 만드는 사람, 보는 사람 모두가 공감하는

예능 프로그램이 탄생합니다.

우리에게는 매일 숙제가 주어집니다.

'새롭고 재미있는 것을 찾아라!'

이 숙제를 푸는 과정은 정말 신이 납니다.

결과물은 놀랍고 모든 사람을 즐겁게 합니다.

그래서 예능 PD의 삶은 그 과정도 결과물도 재미로

가득합니다.

예능 PD와 함께 일하는 연예인, 스텝들도
즐거움을 주는 일을 가장 중요하게 생각합니다.
함께 일하는 동료들과 같은 마음으로
하나의 목표를 향해 달려갈 수 있어서 행복합니다.
그리고 내가 만든 프로그램에 대해 가족과 친구들,
아니, 어떤 누구와도 쉽게 얘기할 수 있다는 게
상상만 해도 신기하고 즐겁지 않나요?

세상 사람들과 '재미'로 소통하고 싶다면
예능 PD가 되세요.

여러분의 인생에서 젊음과 즐거움이
사라지지 않을 거예요.
한 사람 한 사람에게 웃음과 감동을 전하며
즐거운 세상을 만드는 행복한 저의 직업에
여러분을 초대합니다.

– 예능 PD 신정수 올림

★ 첫인사

토크쇼 편집자 – 편

예능 PD 신정수 – 신

편 신정수 PD님, 안녕하세요?

신 네, 안녕하세요!

편 예능 PD로 가는 길의 안내자가 되어 주셔서 감사합니다. 저는 〈나는 가수다〉의 열성 팬이었어요. 30대 초반의 바쁜 나날이었지만 일요일마다 TV 앞에 앉아서 선생님의 프로그램을 시청했습니다. 귀로 듣는 음악에서 눈으로 듣는 음악으로 감각이 진화하는 느낌이었어요. 그래서 프로그램을 제작, 연출하신 선생님과의 만남이 매우 벅찹니다.

신 이렇게 좋은 자리를 만들어 주셔서 감사합니다. 저보다 훌륭하고 뛰어난 예능 PD들이 있는데 제가 인터뷰를 하게 되었네요. 제가 경험하고 고민한 것들을 토대로 열심히 대답하겠습니다. 그리고 제가 만든 프로그램을 열심히 시청해 주신 것, 다시 한번 감사드립니다.

편 사실 이 책을 보는 우리 청소년들은 선생님의 대표작인 〈놀러와〉, 〈나는 가수다〉를 모를 수도 있어요. 그렇지만 현재 청소년들이 제일 선호하는 채널인 M.net의 국장님이시고, 지상파인 MBC에서 다양한 경험을 하셨기 때문에 학생들에게 예능 프로그램의 본질과 PD 직업에 대한 깊은 조언을 가장 잘 해주실 수 있는 분이라고 확신합니다.

신 저도 같은 바람입니다. 그런데 저의 방송경력이 25년 차여서 청소년 여러분이 보기에 좀 꼰대 같은 이야기를 하게 될까 봐 벌써 걱정됩니다.(웃음) 사실 미디어 환경은 다른 산업과 달리 아주 빠르게 변하고 있어요. 여러분들이 많이 보는 유튜브나 1인 미디어는 제가 방송계에 처음 들어왔을 때 상상도 못 하던 일이었어요. 그런데 지금은 엄청난 시장을 형성하고 있잖아요. 이런 변화와 차이를 인정하면서 현업 PD로서 여러분들에게 가장 도움이 될 수 있는 많은 이야기를 풀어 보겠습니다.

편 예능 프로그램을 보는 사람들은 무의식적으로 '빨리 웃고 싶어.'라는 마음인 것 같아요. 저도 현실의 복잡함에서 벗어나 웃고 싶을 때 TV를 켭니다. 사람들이 기대하는 즐거움을 주는 일이 힘들지는 않나요?

신 방송이나 콘텐츠 산업의 경우 시청률이나 디지털 지수 등으로 사람들의 기대감과 반응을 정확히 알 수 있어요. 그런 스트레스가 없다면 거짓말이겠지요. 그렇지만 스트레스는 '좋은 프로그램을 만들어야지'라는 긴장감, 전투력을 키우는 역할도 합니다. 또한 사람들에게 웃음, 재미, 감동을 주는 일이기 때문에 항상 설레고 재미있어요. 그리고 혼자 하는 일이 아니라 아주 많은 사람과의 공동작업이거든요. 사람들과 일하면서 느끼는 즐거움도 상당합니다. 시청률이 높거나 반응이 좋으면 정말 최고겠지요.

📄 사람은 인생은 자신의 업을 닮는대요. 사람들에게 즐거움을 주려고 인생을 거는 직업이 예능 PD라면 이 업에 종사하신 선생님의 인생도 그만큼 즐겁고 행복해졌나요?

📄 그런 것 같아요. 지금 학창시절 친구들을 만나보면 인생관이나 생활면에서 저와 많이 다른 걸 느껴요. 그 친구들보다는 예능 PD를 하는 제가 훨씬 재미있고 활기찬 인생을 사는 것 같습니다. 물론 재미있게 사는 게 꼭 가치 있거나 훌륭하다고 말씀드릴 순 없어요.(웃음)

📄 저는 남들에게 인정받는 훌륭한 사람이 되는 것보다 재미있게 사는 걸 선택하고 싶습니다.(웃음)
이번에는 기존 잡프러포즈와 구성을 조금 다르게 하였습니다.

한 사람의 인생이라는 틀 속에 녹아 있는 직업 이야기를 나누려고 합니다. 대중문화를 창조하고 표현하는 직업을 갖고 계시잖아요. 문화를 창조하고 표현하는 건 내가 가진 한계를 깨고 수많은 사람과 공감하는 일이기 때문에, 그렇게 살아가는 예능 PD인 선생님의 인생을 먼저 살펴보면서 이 직업에 대해 알아보려고 합니다.

신 TV 방송 프로그램을 만들다 보니 대중문화를 창조하는 건 맞는데 그렇게 거창한 스토리는 아닙니다. 방송사에 취직해서 일하다 보니 대중문화를 창조하는 역할을 하게 된 것 같아요. 하다 보니까 너무나 재미있고 중요한 일이라는 걸 뒤늦게 알았고요. 처음부터 방송 PD가 어떤 직업인지 잘 알고 뛰어든 사람도 있지만 저처럼 잘 모르고 뛰어든 사람도 있거든요. 우연히 하게 되었지만, 그 일에서 나의 능력을 발견했고, 내 삶의 가치를 깨닫게 된 감사한 과정이었습니다.

편 예능 PD라는 직업에 대한 정보와 함께 즐거운 인생에 대해 생각해 보고, 대중문화에 대해 짚어보는 뜻깊은 시간이 될 것 같습니다. 어린 시절부터 들어가 볼까요? 선생님, 잘 부탁드립니다!

신 네! 제게 소중하고 중요한 기억들을 이곳에 전부 펼쳐 놓겠습니다. 저에게 주로 유리한 기억일 수도 있겠네요.(웃음) 열심히 해 보겠습니다!

음악퀴즈 소년

초등학교 6학년의 신성수

학창 시절에
어떤 학생이었어요

"

음악을 되게 좋아했어요.
중학교 친구들이랑 〈두시의 데이트〉를 듣고
누가 더 팝송을 많이 아는지 대결했죠.
팝송에 대한 모든 지식을 머릿속에 넣고
기타리스트 계보도 달달 외웠어요.
걸어 다니는 음악 백과사전!
애들이 나한테 물어보는 게 신나서
음악을 더 열심히 들었어요.

"

학창 시절에 어떤 학생이었어요

편. 학창 시절에 어떤 학생이었어요?

신. 초등학교 때부터 고등학교 때까지 반장을 했어요. 유치원부터 고3까지 13년 개근한 게 저의 가장 큰 긍지예요. 모범생이었던 것 같아요. 반장을 하다 보니 모든 친구와 잘 지낼 수 있는 방법을 고민했죠. 그리고 독실한 기독교 신자여서 교회를 열심히 다녔어요. 학생회 활동, 교회 활동 등 모든 것에 적극적인 학생이었죠.

음악을 되게 좋아했어요. 특히 팝송이요. 초등학교 5학년 때 형들의 라디오를 같이 듣다가 김기덕 DJ가 진행하던 〈두시의 데이트〉를 알게 되었고 라디오 키즈가 되었죠. 지금과 달리 그 시대에는 각종 음악이나 정보를 라디오로 접했어요.

중학교 시절에 친구들과 누가 더 팝송을 많이 아는지 대결했어요. 팝송에 대한 모든 지식은 한 개도 놓치지 않고 머릿속에 넣고 다녔어요. 기타리스트 계보도 달달 외우고요. 저는 음악을 좋아했지만, 노래는 잘 못 했어요. 그래도 음악을 워낙 좋아해서 학교 친구들이나 선생님이 노래를 시키면 신나게 불렀죠. 물론 영어에 자신이 없어서 팝송을 부르진 못했어요. 대신 그 당시에 처음 나왔던 들국화 음악이나 김현식 노래를 많이 불렀습니다.

중학교 3학년
수학여행

음악의 어떤 점이 좋았나요

편 음악의 어떤 점이 그렇게 좋았나요?

신 음악 가사와 멜로디 전부 다요. 일단 음악을 들으면 마음이 편안해졌어요. 신날 때도 있고 깊은 생각에 잠길 때도 있었죠. 사람들이 말이나 글로 표현하는 감정에 음을 붙이니까 그 감정이 더 깊게 실리면서 듣는 사람에게 전달된다는 걸 느꼈어요.

편 어렸을 때부터 음악을 좋아했던 게 나중에 도움이 되었나요?

신 어렸을 때부터 들국화 팬이었는데, 예능 PD가 돼서 좋아하는 가수들을 만나니까 너무 신나더라고요. 산울림의 김창완 형도 만나고, 송창식, 윤형주, 조용필 선생님도 만났죠. 초등학교 때부터 좋아했던 가수들을 어른이 돼서 만난다고 생각해 보세요. 정말 굉장하지 않아요? 형님들은 제게

"너 같이 어린 애가 어떻게 내 음악을 다 알아?"

놀라시더라고요. 그러면서 친해졌어요. 예능 프로그램도 함께 했고요. 음악을 좋아했던 저의 학창시절이 예능 PD 일을 하는 데 많은 도움이 되었어요.

편. 학창시절에 음악을 하고 싶다는 꿈은 없었어요?

신. 음악은 너무 좋아하는데 제가 노래를 엄청 못해요. 대신 한번 들은 음악은 절대 잊지 않았어요. 음악 프로그램의 DJ만큼 모든 음악에 대해 꿰고 있었죠. 별명이 '걸어 다니는 음악 백과사전'이었어요. 모든 친구가 대중음악에 대한 건 나한테 물어봤어요. 그게 신나서 음악을 더 열심히 들었어요. 노래는 못하지만, 팝 칼럼리스트처럼 음악에 대해 많이 공부했죠. 그런데, 1985년에 들국화 음악을 알게 되면서 팝송보다는 한국 대중음악을 많이 들었어요. 1960-70년대 음악부터 전부 찾아서 들었어요.

편 학창시절의 꿈은 뭐였나요?

신 저의 장래 희망이 적혀 있는 성적표를 찾아봤어요. 초등학교 저학년 때는 대통령, 4학년 이후에는 과학자, 중학교 때부터는 교수 이렇게 바뀌었더라고요. 아무런 정보 없이 사회적으로 높은 지위에 있다고 생각하는 직업을 희망했던 것 같습니다.

편 좋아하는 과목이 있었어요?

신 수학, 사회, 역사, 국어를 좋아했어요. 가장 싫어한 과목은 영어, 가장 못 했던 과목도 영어였죠. 음악 과목을 좋아하진 않았지만, 나중에 팝송과 대중음악을 들을 때 음악 과목과 대중음악이 연결되어 있다는 걸 알게 되었어요. 그래서 음악 과목도 좋아하게 되었습니다.

편 어린 시절, 가장 기억에 남는 사건은 무엇인가요?

신 역사적으로는 1979년에 있었던 박정희 대통령 시해 사건이요. 그 날 아침, 학교 갈 준비를 하는데 그 뉴스를 듣고 가족

고등학교 2학년 때

모두 깜짝 놀랐어요. 개인적으로는 초등학교 4학년 때의 강제(?) 전학 사건이요. 제가 살던 지역에 새로운 학교가 생기면서 원래 다니던 학교 전교생의 4분의 1이 단체로 전학을 갔어요. 전학 가던 날, 3km 정도 되는 먼 거리를 다 함께 걸어서 이동했죠. 4년째 정든 초등학교와 선생님, 친구들과 헤어지면서 엄청 많이 울었어요. 거의 한 시간을 걸어서 새로운 학교에 도착했는데 새 건물에 시설도 너무 좋은 거예요. 울음은 사라지고 새 학교가 너무 좋아서 친구들과 해맑게 웃었던 기억이 납니다. 그때 사람의 감정이 수시로 바뀐다는 걸 알았어요.

편 재미있는 그림이네요. 아이들의 마음이 정말 귀엽고 솔직합니다. 어린 시절에 많은 영향을 받았던 책이나 인물이 있나요?

신 초등학교 시절에는 우리나라 위인전을 많이 읽었어요. 워낙 책이 귀한 시절이다 보니 30권으로 나온 한국 위인전을 5번씩 읽은 것 같아요. 그런데 어른이 되었을 때 내가 위인이라고 알았던 사람들의 참모습을 알고 나서 실망했던 기억도 납니다.

제가 가장 영향을 받았던 책은 고등학교 시절 읽었던 『어

느 청년 노동자의 죽음(전태일 평전)』이라는 책이에요. 그 책
을 읽고 나서

'세상은 모두 함께 더불어 살아가야 해.'
라는 생각을 정말 많이 했습니다.

🔲 부모님은 어떤 분이세요?

🔲 두 분 다 너무너무 좋으세요. 학창 시절에 공부하라는 잔
소리를 한 번도 안 하셨어요. 공무원이셨는데 헌신적으로 삼
남매 뒷바라지를 하셨죠. 대학 시절에 시위에 가담할 때에는
많이 속상해하셨지만 그것 말고는 싫은 소리를 한 말씀도 안
하셨죠. 학창 시절에 음악에 빠져 있었지만, 성적이 떨어진 적
은 없었어요. 그래서 그 부분도 저를 믿어 주셨고요.

이번에 제가 〈더 마스터-음악의 공존〉을 만들었을 때 부
모님께서

"네가 이런 프로그램을 만드는 사람이 되려고 그렇게 음
악을 많이 들었나 보다."라고 하셨어요.

대학 시절은 어떻게 보냈어요

편 대학 시절은 어떻게 보냈어요? 여전히 음악을 좋아했나요?

신 제가 대학에 다닐 때는 많은 학생이 민주화 운동을 하다가 감옥에 가고 군대도 끌려가고 심지어 죽기까지 했던 시대였어요. 팝송이나 대중음악만 계속 좋아할 순 없었죠. 교내 민중가요 동아리에 들어가서 민중가요를 많이 불렀어요. 독재 정권이 부당하다고 생각해서 시위에도 많이 참여했고요. 대학 시절에 음악에 대해 이런 저런 많은 생각을 하게 되었어요. 나중에는 다시 팝송과 대중가요, 클래식, 재즈까지 다 들었어요.

10대에는 다른 친구들과 마찬가지로 '내가 어떻게 살아갈지'에 대한 고민이 아니라 내게 주어진 것에 대해 반응하는 하루하루였죠. 대학 시절에는 앞으로 내가 무엇을 할지, 어떤 세계관으로 세상을 바라봐야 할지 많은 고민을 했습니다. 선후배, 동기들과 수많은 토론을 하고 책을 읽고 여행도 다녔어요. 제일 좋았던 시기였죠.

대학교 1학년 때 동아리활동

PD 진로는 언제, 어떻게 정했나요

편 PD 진로는 언제, 어떻게 정했나요?

신 앞에서 말씀드렸지만, 학생 시절 제 마지막 장래희망이 교수였어요. 존경하는 선생님들을 보며 저도 누군가를 가르치고 싶다는 막연한 생각이 있었는데, 대학에 입학했을 때에는 교수에서 판사, 작가로 바뀌고, 기자로 변하다가 최종적으로 PD가 되자고 정했죠.

그렇게 바뀌게 된 계기가 있어요. 친한 선배가 민주화 운동으로 옥고를 치르는데 그게 너무 억울한 거예요. '내가 판사가 되면 이런 잘못된 일을 고칠 수 있겠구나'라고 생각을 했죠. 그러다가 책을 워낙 좋아하니 '내 평생에 책 한 권 남기고 싶다'는 생각에 작가를 꿈꿨고요. 대학교 4학년이 되었을 때 선배들이 언론 고시를 준비한다고 스터디 팀을 꾸리더라고요. 저도 껴달라고 해서 그 팀에 들어갔어요. 사실 방송국에 입사 지원할 때에도 별 고민 없이 'TV에 나오는 기자보다는 뒤에서 만드는 PD가 낫겠다'는 생각이 들어서 직종 지원란에 PD라고 적었어요. 그러다가 덜컥 시험에 붙는 바람에 PD가 되었죠. 지금 생각해보면 정말 아무런 사전 정보 없이 PD로 지원했어요.

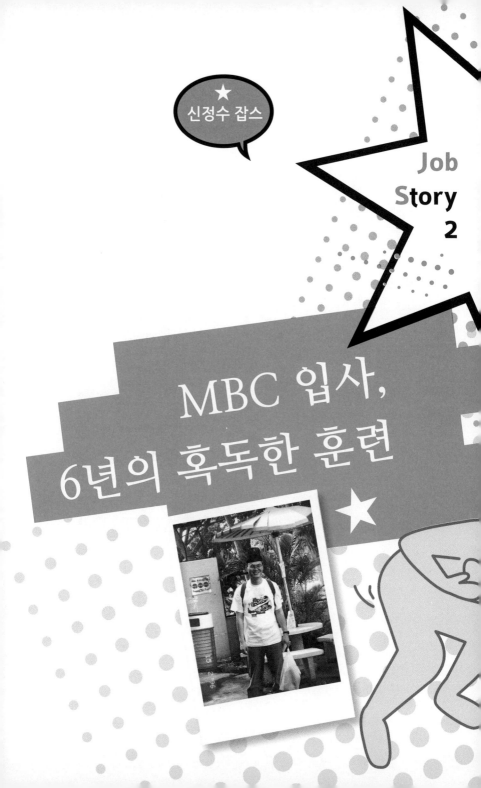

MBC 입사,
6년의 혹독한 훈련

AD 1년차

MBC 공채 합격 및 AD 시절,
자세히 들려주세요.

❝

어떤 일이든 처음의 1년 즉 사계절이 제일 힘들대요.

내가 연예인과 일하는 게 적성에 맞을까?
나 지금 잘하고 있는 거야?
차라리 공무원 시험을 준비할까?

하루라도 빨리 그만둬야 되는 거 아닐까?

그 고비를 넘은 나머지 22년은
하루하루 행복하고 즐거웠어요.
이렇게 좋은 직업이 또 있을까요?
고생한 시간이 없었다면 이런 행복한 순간이 있을까요?

❞

MBC 공채시험, 어떻게 통과했어요

[편] MBC 공채시험, 어떻게 통과했어요?

[신] 저는 1년 정도 공부했어요. 일주일에 한 번씩 모여서 각자 가져온 시사 상식 10문제를 서로 풀어봤어요. 영어는 토익이나 토플 등 공인시험을 같이 보는 식으로 준비했고요. 저는 다른 친구들에 비해서 책을 많이 읽은 편이었어요. 학과 공부는 잘 못했고요. 만화책, 사전, 소설, 과학도서 등 책이란 책은 다 좋아했고 그 덕분에 다행히 방송사 시험에 합격했다고 생각합니다.

저는 워낙 오래전에 시험을 봤기 때문에 지금 하고는 달라요. 그래도 방송사 공채 시험에 대한 이해를 돕기 위해 말씀드릴게요. 처음에 대학 졸업 증명서와 4년 동안의 학점, 영어 토익 점수를 제출하라고 했어요. 3천 명이 지원했던 걸로 기억하는데, 1차 서류전형에서 반 정도가 탈락했어요. 필기시험을 보니까 500명으로 줄었고요. 논술시험을 보니까 뽑는 인원의 5배수 정도 남더라고요. 연수원에 들어가서 1박 2일 동안 온갖 테스트를 거쳤어요. 인성 테스트, 창의력 테스트, 기획안 제출 등 8가지의 과제를 수행했죠. 거기에서 3배수가 남았죠.

그 사람들과 함께 사장님 면접을 봤어요.

공채 시험이 결코 쉽지 않아요. 실력이 있어야 하고 운도 따라야 합니다. 일단 필기시험을 합격한 후에는 '자신이 예능 PD를 잘 할 수 있다' 또는 'PD를 잘 할 수 있다'는 걸 계속 보여줘야 해요. 그런데, 사실 그런 걸 보여주는 게 어렵죠. 학교

MBC 공채 합격증

에서 배운 적이 없는 문제나 과제가 나오기 때문에 평소 자신이 가지고 있는 가치관이나 문화에 대한 생각 또는 대중문화를 바라보는 시각 등을 가지고 순발력 있게 대처하는 방법 밖에 없어요. 아무래도 TV를 많이 보는 사람이 유리한 건 사실인데 그렇다고 꼭 그런 사람들만 붙는 건 아니에요.

합격한 후에는 어떻게 되죠

편 공채 합격한 후에는 어떻게 되죠?

신 AD^Assistant Director^ 즉 조연출부터 먼저 시작해요. AD 기간은 방송사마다 다르고, 한 방송사 내에서도 예능과 드라마와 교양 등 분야별로 다릅니다. 예능은 6~7년, 드라마는 8~9년, 교양은 5년 정도의 AD 시절을 거쳐요.

편 왜 분야별로 다른가요?

신 배우는 게 다르니까요. 예능 프로그램은 일단 장르가 많아요. 코미디, 쇼, 버라이어티, 토크쇼, 서바이벌, 시트콤, 퀴즈쇼 등 그런 것들이 어떻게 만들어지는지 경험해야 하니까 AD 기간에 그런 프로그램들의 조연출을 한 번씩 거쳐야 합니다. 그 기간 동안 각각의 프로그램 만드는 방법을 배우게 됩니다. 드라마의 AD 기간이 긴 가장 큰 이유는 편 당 투입되는 예산이 크기 때문이에요. 실패 리스크를 줄여야 하니까 아무래도 숙련기간이 가장 긴 것 같아요. 편당 제작비로 보면 드라마가 가장 크고, 그다음이 예능, 교양이거든요. 편당 제작비만큼의 책임을 져야 하니까 숙련 기간이 긴 거겠죠.

AD가 하는 일을 알려 주세요

편 AD가 하는 일을 구체적으로 알려 주세요.

신 처음에는 방송사 시스템을 배워요. 방송이 어떻게 만들어지는지, 기획부터 송출까지 전 과정을 배웁니다. 그다음에 편집을 주로 배워요. 특히 예능 AD는 죽을 만큼 편집을 배우죠. 그 외에 촬영하는 법, 회의하는 방법도 배워요. 행정 업무도 있는데 예를 들면 작가에게 얼마를 지급하고, 출연자들에게 얼마씩을 지급해야 하는지 계산하는 것도 조연출의 역할이죠. 프로그램 예고편도 직접 만들어요. 한 프로그램에 AD가 두세 명씩 있어요. 그 사람들이 협업해서 프로그램을 만들고 자막을 쓰죠.

편 하는 일이 엄청 많아요. 단시간에 습득이 안 될 것 같은데요.

신 처음 입사해서 3개월, 4개월 동안 너무 힘들었어요. 편집기 사용법도 안 가르쳐주고 편집하래요. 지나가는 사람을 붙잡고 물어봤죠. 동기들끼리 서로 가르쳐 주고요. 행정 업무도 마찬가지였어요. 처음에 입사하면 업무 흐름을 잘 모르니까 모든 게 낯설잖아요. 용어도 잘 모르고요. 역시 알려주는 사람이 없었어요. 완전 백지상태에서 스스로 노력해서 하나하나 파악했어요.

사실 AD가 PD 사회에서는 막내지만 다른 스텝 즉 FD Floor Director, 카메라 감독, 그리고 미술, 소품 등의 사람들보다 직위 상으로 위에 있죠. 내가 빨리 배워서 능숙해져야 하는 데 그 전까지 다른 스텝들이 보기에 얼마나 답답하겠어요. 행정 업무도 배워야 하는데 촬영 나가야 되고, 끝나고 들어오면 스스로 방법을 터득해서 편집해야 되는 상황이 반복됐어요. 일주일에 2~3일은 밤새고, 일요일에 귀가했다가 바로 출근하는 생활을 1년 정도 했죠.

편 그 많은 일들이 빠르게 습득되나요?

신 참 신기한 게 한번 배운 건 어디에 쓰지도 않았는데 다 기억나더라고요. 학창시절에는 뭘 암기하는 게 제일 싫었는데 직장 생활은 확실히 달랐어요.

AD 초봉은 얼마인가요

📘 지금 방송사 공채 합격하면 AD 초봉은 얼마인가요?

📗 3천5백만 원 정도 된데요. 시간 외 수당을 합하면 아마 4천만 원 넘을 거예요. 보너스와 시간 외 수당까지 합치면 대기업 초봉보다 조금 많지 않을까 싶습니다. 참고로 AD 시절에 가장 많은 돈을 저축할 수 있는데 그 이유는 돈 쓸 시간이 없어서 계속 저축만 하거든요.(웃음) 저도 그랬어요.

남녀 성비는 어떤가요

편 남녀 성비는 어떤가요?

신 제가 속한 CJ의 tvN, M.net은 여자 PD가 더 많아요. M.net은 6:4 정도 되는 것 같아요. 공중파 방송사도 점점 여자 PD가 더 많아지는 추세고요

편 예전에도 그랬나요?

신 2000년대 초반까지만 하더라도 남자 PD가 훨씬 많았어요. 그런데 2000년대 중반부터 여자들이 더 많이 입사해요.

편 이유가 뭘까요?

신 시험 성적으로 당락이 결정되는데 여자들의 실력이 좀 더 우위에 있는 것 같아요. 그리고 방송사 복지 제도가 완벽하거든요. 1년 유급 휴가, 출산 휴가, 정년 보장 등이 잘 되어 있고 남녀 차별도 거의 없어요. 기술직까지 다 합치면 남자가 많겠지만 PD는 여자가 남자보다 더 많은 추세예요. 이런 것 말고도 TV라는 매체가 다분히 여성 친화적인 매체이기 때문에 점점 여성들의 감수성을 필요로 하는 프로그램들이 많아지는 것

같아요. 그런 면에서 볼 때 여성 PD들의 수가 점점 많아지는
건 당연한 일이라고 생각합니다.

어떤 고민을 제일 많이 하나요

편 AD 시절, 어떤 고민을 제일 많이 하나요?
신 첫 번째 고민은 이거예요.

'내가 연예인과 일하는 게 적성에 맞을까?'

연예인 만나는 걸 좋아하는 사람도 있지만 싫어하는 사람도 있거든요. 연예인을 만나는 자리가 서로의 꿈이나 사회 정의 또는 공통의 관심사를 얘기하는 자리라기보다는 이해관계와 캐스팅 등이 얽혀 있는 자리이기 때문에 처음에는 적응하기 힘들어요. 그러다 보니 이상한 이야기를 할 때가 훨씬 많아요. 내가 이 속에서 평생 일하는 게 맞는지, 이 사람들이 내가 매일 만나야 하는 평생의 파트너라는데 내가 견딜 수 있을지 스스로에게 계속 질문하죠.

두 번째는 고민은

'내가 잘하고 있는 거야?'

영상을 편집하고 자막을 쓰고 예고편을 만들어서 선배에게 보여주는데 별말이 없는 거예요. 내가 싹이 있는지 없는지 조언을 듣고 싶은데 아무도 말해주지 않아요. 학생 시절에는 자기가 공부에 소질이 있는지 없는지 시험 성적을 통해서 정확히 알 수 있잖아요. '내가 몇 등 했구나, 내가 어느 정도 소질이 있구나, 이번에는 4시간 공부했는데 반에서 몇 등 했을까?'

그런데 내가 만든 예고편을 보고 잘했다는 사람도 없고, 못했다는 사람도 없고, 영상미와 재미가 뭔지도 모르겠더라고요. 그런 게 가장 답답하죠. 그러다 보니

'이 분야에 재능이 있는 사람은 도대체 누구야?'

그런 생각을 계속했어요.

세 번째 고민은

'지금이라도 공무원 시험을 준비해야 되나?'
'대기업에 입사하는 게 맞지 않을까?'

이렇게 힘든 일인 줄 몰랐어요. 일주일에 2, 3일 이상 밤

을 새우니까 몸도 마음도 괴로웠죠. 집이 분당이었는데 출퇴
근도 힘들고, 내 시간은 없고, PD가 부르면 자다가 뛰어 나가
야 돼요. 이렇게 6년을 버텨야 된다고 생각하니까 미치겠더라
고요. 그런데 내 친구들은 정시에 출근하고 퇴근 시간이 일정
한 직장에 다니니까 너무 부러웠어요.

'빨리 그만둬야 되는 거 아닐까?'

밤새 편집을 하면 매번 다시 하래요. 1분짜리 편집인데 10
시간 걸려서 다시 했어요. 1분짜리 편집하는 데 10시간이 걸리
면 10분짜리는 100시간이 걸릴 것 같았어요. 희망이 안 보이
더라고요. '내 생활이 어떻게 될까?' 고민했던 시간이었죠. 이
런 6~7년간의 숙련 과정을 거쳐서 예능 PD가 되는데 육체적
으로는 가장 힘든 시기입니다.

편 몸이 약한 사람은 못하겠어요.
신 그래도 다들 잘 견뎌서 PD가 되었어요. 물론 제 동기 중
에 1~2명은 퇴사했는데 적성에 안 맞아서 그만뒀죠. 요즘은
AD 시절에 사표 쓰는 친구들이 점점 많아지는 것 같아요. 이

유를 물어보니까

　"다른 직장에 가서 더 편하게 지낼 수 있는데 왜 이런 고생을 해야 돼요?"

라고 반문하더라고요. 세대가 다르다는 생각도 들었고, 무조건 참았던 우리 때와는 달리 아무리 하고 싶은 일이라도 나를 무조건 희생할 순 없다는 생각도 강해진 것 같아요. 자연스러운 시대 흐름이라고 생각합니다.

고비를 어떻게 넘겼나요

편 고비를 어떻게 넘기셨어요?

신 입사하고 1년이 지났는데 어떤 선배가 제가 촬영하고 편집한 짤막한 영상을 보고 "어? 잘 찍었네!" 한 마디 던졌어요. 내가 좋아하는 선배의 그 말 한마디에 '내가 좀 할 수 있나 봐. 내가 아예 못하는 사람은 아닌가 봐.' 안도했죠. 그때 자신감을 얻어서 내가 하고 싶은 대로 편집도 해 보고 자막도 써 봤어요.

그러다가 뭘 하나 만들었는데, 선배들에게 칭찬을 받으면서 '아, 프로그램을 만들면 이런 재미가 있구나.'라는 걸 깨달았죠.

그 고비를 넘고 나니까 방송이 너무 재미있더라고요. 내가 만드는 결과물에 사람들이 반응하는 게 좋았죠. 어떤 일이든 처음의 1년 즉 사계절이 제일 힘들대요. 봄에는 뭐 생각나고, 여름에는 뭐 생각나는데 그걸 다 지워야 되잖아요. 그 고비를 딱 넘고 나니까 그다음부터는 즐겁게 보낼 수 있었어요.

요즘은 배우는 시간이 덜 걸리지 않나요

편 요즘은 미디어가 발달해서 편집이나 카메라를 배우는 시간이 덜 걸리지 않나요?

신 1인 미디어를 했던 친구들은 일단 무엇에 접근하는 데 두려움이 없어요. 훨씬 편해진 거죠. 또 더 편해져야 하고요.

편 혹시 AD 기간도 좀 단축되나요?

신 저는 6년 했는데 최근에는 7년으로 늘어났어요. 배울 게 더 많아졌거든요. 미디어 환경은 매일매일 변화하고 프로그램의 기술도 더 복잡해졌죠. 전에는 프로그램이 좀 단순했거든요. 카메라 5~6대로 촬영했는데, 지금은 20대 이상 사용하니까 훨씬 어려워졌어요. 몇 년 전에 MBC에 입사했던 4명 중에 3명이 바로 퇴사해서 이유를 물어봤더니 방송사가 이렇게 고생하는 곳인지 모르고 들어왔다고 대답했다고 하더군요.

숙련 기간이 꼭 필요한가요

편 숙련 기간이 꼭 필요하다고 생각하세요?

신 네. 저는 반드시 필요하다고 생각해요.

PD는 전체적인 과정을 제대로 알아야 해요. 방송 프로그램을 만드는 전체 과정을 아는 사람이 딱 한 명 있는데 바로 그 사람이 PD거든요. 숙련 과정을 거치지 않아서 전체 과정을 제대로 알지 못하면 프로그램을 만들 때 많은 실수가 발생할 거예요.

두 번째는 숙련 과정 속에서 PD가 어떤 마음으로 사람들을 대해야 하는지 배울 수 있어요. PD가 방송 프로그램을 만드는 데 중요한 결정을 하지만, 그 결정 또한 수많은 사람들과 협업하는 과정을 거쳐야 해요. 나와 함께 프로그램을 만드는 수많은 스텝들의 마음을 알아야 최선의 결과물이 나옵니다. 나와 함께 일하는 사람들의 마음을 배우는 시기가 AD 기간입니다.

편 외국은 어떤가요?

신 일본은 AD라는 사람들이 확실히 있어요. 유럽과 미국도 서열은 있을 텐데 정확히 뭐라고 호칭하는지 모르겠네요. 전 세계 어느 나라도 숙련기간 없이 바로 프로그램을 맡기진 않을 거예요.

편 AD 시절을 고된 훈련 기간으로 보지 말고 하나의 업무로 봐도 될까요? 바로 PD가 된 사람은 한 명도 없으니까요.

신 여러분들이 좋아하는 김태호 PD, 나영석 PD도 5년, 7년의 AD 시절을 거쳤어요.

편 김태호 PD는 AD 시절부터 남달랐나요?

신 제 AD는 아니었는데 프로그램 하나를 같이 했어요. 3분짜리를 편집해 왔는데 되게 잘 했더라고요. "정말 잘했다."고 칭찬해줬던 기억이 나요. 감각 있는 친구라고 생각했죠.

그만큼 책임이 무거운 자리겠지요

편 학창시절에 누구보다 열심히 공부해서 대학에 가고, 어렵다는 방송사 시험에 통과했어요. 그리고 6~7년이라는 고된 훈련 기간을 거쳐서 하나의 프로그램을 책임지는 PD가 되는 거네요. 그만큼 책임이 무거운 자리겠지요.

신 책임이 아주 무겁습니다. 특히 '전파'가 공공재라는 생각을 가져야 해요. 공공의 자산을 우리가 잠시 빌려 쓰고 있는 거죠. 당연히 사회적 책임감도 따르고요. 그리고 PD는 프로그램을 함께 만드는 모든 출연자 및 스텝들의 최종 책임자예요. 책임이 무겁지 않다면 거짓말입니다.

저희 때에는 영화감독이 되고 싶지만 척박한 영화 환경이 싫어서 드라마 PD로 온 사람들이 많았어요. 이곳은 월급을 주는 안정된 직장이니까요. 그만큼의 책임을 지는 것은 당연한 거죠.

편 사람들은 고생을 안 하고 사는 게 조금 더 나은 삶이라고 생각할 수도 있어요.

신 저는 AD 시절의 고생이 그렇게 힘들지는 않았어요. 처음

1년은 육체적으로 힘들었지만 나머지 22년은 하루하루가 즐거웠어요. 방송을 만드는 매 순간, 사람들의 반응이 다 기억나요. 이렇게 좋은 직업이 또 있을까 싶을 정도였어요. 고생한 시간이 없었다면 이런 행복한 순간이 있을까 생각한 적도 있습니다. 물론, 선배가 된 지금은 후배들에게 더 많은 조언을 해줘야죠. 좀 더 좋은 작업 환경을 만들어 주고 싶어요. AD도 일주일에 하루는 쉬어야 된다고 생각해요. 그게 지속적인 발전이 가능한 사회라고 생각합니다.

적성에 맞으면 고생이 아닌 거네요

편 적성에 맞으면 고생도 고생이 아닌 거네요.

신 적성에 안 맞으면 모든 게 고생이죠. 적성에 맞으면 고생도 감미롭게 느껴지고요. 예능 PD가 적성에 잘 맞는 사람이라면 학력 콤플렉스도 충분히 벗어날 수 있어요. 실제로 방송사에 입사하면 아무도 학교를 물어보지 않거든요. 오직 '프로그램을 잘한다, 못한다'로만 평가받아요.

편 선생님은 매일 공부하고 시험 봤던 학창시절이랑 AD, PD로 보낸 시간 중에 어떤 게 더 힘들었어요?

신 공부가 더 힘들었어요. 앉아서 해야 되니까요. 엄마와 선생님 눈치를 봤던 게 생각나요. 학창시절의 공부는 일방적으로 주어진 일이에요. 이 일은 제가 좋아서 선택한 일이잖아요. 직업은 누가 강요한다고 되는 게 아니라 스스로 선택하는 거예요. 아무리 고생스러워도 해내자고 마음을 정했어요. 결정적으로 공부는 아무리 열심히 해도 돈을 주진 않지만 직업은 금전적인 보상이 이뤄지니까 더 좋은 것 같아요.(웃음)

고생을 피하고 싶은 친구들에게 조언해 주세요

편 PD는 되고 싶은데, AD 시절의 고생은 피하고 싶은 친구들에게 조언해 주세요.

신 농담 같지만 적성에 맞는 걸 꼭 찾으라고 말해주고 싶어요. 어떤 일을 습득할 때 고생을 견디는 방법은 일에 대한 열정과 깊은 애정이거든요. 방송 일을 정말 좋아하고, 대중과 소통하는 걸 즐긴다면 그 어떤 것도 고생스럽지 않을 거예요. 아니, 그 고생조차 재미로 느껴질걸요. 내가 좋아하는 일을 하면 고생도 고생이 아니고, 누가 억지로 시켜서 하는 일이라면 좋은 일도 전부 고생으로 느껴진다고 생각해요. 물론 적성을 찾는 게 어려운 일이에요. 고생을 피하고 싶다면 자신의 적성을 찾아내서 고생도 고생으로 느껴지지 않는 그 일을 직업으로 삼으라고 말해주고 싶습니다.

Job
Story
3

대중 마음에
꽃을 피우다

〈놀러와〉 연출 시절의 신정수

예능 프로그램의
목적은 무엇일까요

"

후배들에게 늘 이야기해요.

재미있게 만드는 게 제일 중요하다.

재미란 웃음만을 의미하진 않아요.
웃음과 감동을 동시에 주면서
화면에서 눈을 못 돌리도록 몰입하게 만드는 거죠.

"

이 직업의
가장 큰 매력은
무엇일까요

내가 만든 프로그램에 대해 모든 사람과
얘기할 수 있다는 거요.
내가 만든 결과물이 나를 소외시키지 않는
느낌이라고 할까요?
물론 욕을 먹기도 해요.
그런데 대중문화에 종사한다는 건
대중과 내가 결합되어 있다는 거고,
예능 PD는 동시대의 사람들이
어떻게 살아가고, 어떤 아픔을 느끼고
어떤 감정을 갖고 있는지 공감하는 사람입니다.
저는 거기에서 큰 행복을 느낍니다.

대표작과
숨겨진 스토리가
궁금해요

"
유재석, 김원희의 토크쇼 〈놀러와〉를 연출했어요.
'오늘은 A형 특집!'이라면 혈액형 A형 연예인만 모으는
테마별 섭외로 토크를 했어요.
지금은 모든 토크쇼에서 그렇게 하지만
사실 그걸 처음 시도해서 성공한 게 저예요.
'토크쇼의 새로운 지평을 열었다.'는 평가를 받았죠.
"

중요한 마디가 된 프로그램이 뭐예요

편 PD가 된 후 중요한 마디가 된 프로그램이 뭐예요?

신 제가 연출했던 프로그램 중에 〈놀러와〉라는 토크쇼가 있어요. 상을 되게 많이 받았죠. 4년 정도 방송했는데 사실 한 가지 예능 프로그램을 몇 년 씩 하는 건 쉽지 않아요. 김태호 PD가 〈무한도전〉을 13년 넘게 했다는 건 정말 굉장한 거예요.

편 그때 당시 받았던 평가 중에 제일 기억에 남는 게 있다면요?

신 「토크쇼의 새로운 지평을 열었다.」

사실 토크쇼는 연예인을 섭외하는 거잖아요. 제가 시도한 건 기획 섭외라고 하는데 테마별로 섭외를 하는 거죠. 예를 들어 '오늘은 A형 특집!'이라면 혈액형 A형 연예인만 모아서 특집을 해요. 연예인을 그냥 모으는 게 아니라 어떤 카테고리를 만드는 거죠. 지금은 모든 토크쇼에서 그렇게 하지만 사실 그걸 처음으로 시도해서 성공한 게 제가 연출한 〈놀러와〉라는 프로그램이에요.

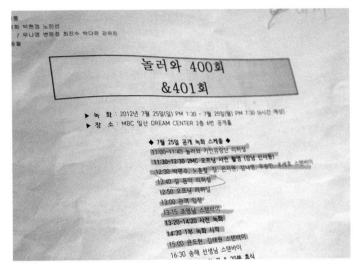

회 박현경 노민선
/ 우나영 변용징 최진수 박다은 강유진

놀러와 400회
&401회

▶ 녹 화 : 2012년 7월 25일(일) PM 1:30 - 7월 25일(월) PM 7:30 (6시간 예상)
▶ 장 소 : MBC 일산 DREAM CENTER 2층 6번 공개홀

◆ 7월 25일 공개 녹화 스케줄 ◆
11:00~11:40 놀러와 기인유랑단 리허설
11:30~12:30 2MC 오프닝 사전 촬영 (강남 신사동)
12:30 박명수, 노홍철, 김, 은지원, 김나영, 유성안, 조세호 스탠바이
13:40 김 음악 리허설
12:50 오프닝 리허설
13:00 관객 입장
13:15 조영남 스탠바이
13:20~14:20 사전 녹화
14:30 1부 녹화 시작
15:00 윤도현, 김태원 스탠바이
16:30 송해 선생님 스탠바이

〈놀러와〉 큐시트

____〈놀러와〉 신정수 PD는 한 전문지와의 인터뷰에서 "토크쇼는 인생을 듣는 것"이라고 정의하기도 했습니다. 그러한 의도에 걸맞게 〈놀러와〉는 최근 윤제문, 손병호, 김병옥 등 악역전문 배우, 차화연, 금보라, 김진아 등 한 시대를 풍미했던 여배우, 나문희, 김영옥 등 작품으로만 만나던 노배우 들을 연이어 초대하고 있죠. 또 게스트로 나온 소녀시대에게 '효'를 주제로 한 이야기들을 끌어낼 정도로 폭넓은 공감대를 형성하는

방송으로 진화하고 있습니다. 한 때 배우들의 홍보의 장으로 활용되거나 흥미위주의 이야기로 점철됐던 것과 비교한다면, 300회를 넘긴 〈놀러와〉는 토크쇼와 예능의 새로운 지평을 열어가고 있다는 평가를 받기에 충분해 보입니다.

- 〈오마이뉴스, 2011년 2월 1일자 기사〉

〈놀러와〉 스튜디오 녹화현장

편 지금 방송을 보면 한 가지 주제에 적합한 연예인들이 나와서 이야기를 나누잖아요. 그게 당연하다고 생각했는데, 선생님의 프로그램이 그 시작이었다는 거에 놀랐습니다. 자랑스러워요.

신 제가 하진 않았지만 아까 말씀드렸던 〈느낌표〉라는 프로그램도 불세출의 예능 프로그램이라고 생각합니다. 이 책을 읽는 학생들이 태어나기 전에 방송된 거라 모를 수도 있겠어요. 〈느낌표〉는 사람들을 행동하게 만드는 예능 프로그램이었죠. 일종의 공익 프로그램인데, 전 세계에서 그런 프로그램을 만들어서 성공시킨 건 김영희 PD밖에 없어요. 예능의 역사에 남은 분이죠.

녹화현장 방청객

＿＿공익예능의 대표주자로 꼽히는 MBC '느낌표'의 경우 '책책책 책을 읽읍시다'를 통해 대한민국의 독서 열풍을 일으켰으며, '하자하자'를 통해서는 당시 문제가 됐던 청소년들의 0교시와 자율이 아닌 야간자율학습을 폐지시키는 쾌거를 낳기도 했다. 시각 장애인들에게 시력을 찾아주는 코너 '눈을 떠요'는 무려 23명이 넘는 사람들에게 빛을 선물해 주었으며, 대한민국에서는 멀게만 느껴졌던 각막 기증 및 장기 기증 문화가 자리 잡을 수 있게 해 주었다. 오늘날까지 '공익예능의 대표주자'로 언급되고 있는 '느낌표'는 교훈적인 내용과 눈시울을 붉히는 감동 뿐 아니라, 유재석, 신동엽, 서경석, 박수홍, 박경림, 김제동 등 각 MC들의 재치 있는 진행으로 순간순간 웃음을 선사하면서 예능적인 재미를 놓치지 않았다.

- 〈MBN, 2014년 7월 7일자 기사〉

2011년, 〈나는 가수다〉는 어떤 작품인가요

편 2011년에 방영해서 큰 인기를 끌었던 〈나는 가수다〉는 어떤 작품인가요?

신 MBC 〈나는 가수다〉는 김영희 선배가 처음에 만들었어요. 어떤 사정에 의해서 중간에 빠지게 됐고요. 그래서 제가 1년 정도 이어받아서 했는데 그 때 임재범 씨, 이소라 씨가 출연했죠. 제일 좋았던 건 임재범, 이소라 등 TV에 잘 안 나오는 실력파 가수들의 노래를 TV 화면으로 생생하게 본다는 것과 정지찬 음악감독과 함께 최고의 음향을 만들었다는 거죠.

음악 프로그램의 새로운 기원을 열었다는 자부심이 있어요. 〈나는 가수다〉 전에는 온 가족이 모여서 볼 수 있는 음악 프로그램이 없었어요. 실력파 가수들도 긴장할 수 있는 프로그램을 한다는 발상도 신선했고, 그걸 감내하고 출연해 준 가수들도 정말 대단했죠. MBC 기술진과 음향팀의 실력까지 더해진 프로그램이었어요. 〈나는 가수다〉는 중국에 수출돼서 정말 대단한 히트를 쳤어요. 중국은 지금도 방송을 하고 있죠.

우리나라는 왜 그렇게 짧게 끝났어요?

우리는 1년 내내 했지만 중국은 12회 시즌제로 갔어요. 그게 더 좋은 선택이었죠. 한 프로그램이 오랫동안 가려면 시즌제가 좋아요.

제가 1년간 했는데, 4개월째 되니까 나올 가수들이 없었어요. 기존 출연자들도 너무 힘들어 했고요. 그래서 김범수 씨, 박정현 씨 끝날 때 일단 한 번 접고 6개월 후에 다시 하자고 의견을 냈죠. 그런데 MBC에서 포기를 안했어요. 광고가 너무 많이 붙으니까요. 그런데 중국은 그 욕심을 과감하게 버리고 시즌제로 가니까 더 크게 성공했어요.

〈나는 가수다〉는 프로그램 제목이 정말 좋았다고 생각해요. 그 동안 TV 프로그램 제목은 거의 명사였어요. 그런데 주체가 정확하게 확립되어 있는 제목이었죠.

그 이전까지의 음악 대결 프로그램은 아마추어들이 나와서 노래를 부르는 거였어요. 그런데 우리나라를 대표하는 최고 가수들이 나와서 노래로 경연을 펼치는 프로그램은 지금 생각해도 정말 대단한 아이디어죠. 동전의 한 면만 바뀌었는데, 그게 대단한 히트를 치고 TV 프로그램의 차원이 달라질 수 있다는 걸 보여준 대표작이었어요.

＿＿신정수 PD 체제 하에 MBC 우리들의 일밤-나는 가수다 (이하 나는 가수다)가 1일 첫 방송됐다.

이날 방송에서 나는 가수다에 새롭게 합류한 김연우, 임재범, BMK의 모습이 첫 공개됐으며 이들을 포함한 7인의 공연은 시청자들을 감동으로 매료시키며 성공적인 재개를 예감케 했다.

한 시청자는 "지금도 가수들의 울림이 가슴에 머물고 있다. 최고다. 이 이상으로 표현하기 힘들다"며 극찬했다. 또 다른 시청자는 "한 달 간의 공백, 그리고 다시 시작. 예전만큼 큰 호응을 얻을 수 있을지 의문이었지만 이제 우리 가족은 일요일 저녁을 기다리게 됐다"며 어떤 무대로 감동을 안길지 기대감을 나타냈다.

"얼마나 기다렸는지 모른다. 기다린 보람이 있었다" "한 달 동안 기다렸는데 더 큰 감동으로 돌아왔다" "이렇게 좋은 가수들이 혼신을 다해 노래하는 것을 들을 수 있어서 감사하다" 등 많은 소감들이 잇따르고 있다.

– ⟨이데일리, 2011년 5월 1일자 기사⟩

Job
Propose 16

스튜디오 녹화 부조정실

예능 프로그램이란 무엇인가요

편 예능 프로그램이란 무엇인가요?

신 쇼^{Show}, 코미디^{Comedy}, 퀴즈쇼^{Quiz Show}, 시트콤^{Sit Com}, 리얼 버라이어티^{Real Variety}, 오디션^{Audition} 등을 모두 예능 프로그램이라고 합니다.

편 방송 프로그램의 장르에 대해 설명해 주세요.

신 방송 프로그램은 뉴스, 드라마, 스포츠 경기, 다큐멘터리, 정보 프로그램, 예능 프로그램 이렇게 여섯 가지 정도로 나누어져요. 뉴스는 기자들이 만드는 뉴스, 드라마는 드라마, 다큐멘터리는 자연 다큐, 인간 다큐, 시사 다큐 같은 것들이 있고요. 정보 프로그램은 각종 정보들이 다 나오는 거예요. 그 밖의 모든 것들을 예능 프로그램이라고 보시면 됩니다. 범위가 상당히 넓어요.

방송과 예능의 역사는 어떻게 되나요

편 방송과 예능의 역사는 어떻게 되나요?

신 1930년대에 외국에서 TV가 생겼고, 우리나라는 1950년대부터 보급되었어요. KBS가 가장 먼저 전파를 쐈어요. 처음에는 가요 쇼와 코미디만 있다가 뉴스와 드라마가 생겼어요. 1960년대 후반에 들어오면서 스포츠 중계가 시작됐고, 1980년대에 컬러 TV가 나오면서 80년대 중반에 토크쇼가 처음 만들어졌어요. 외국에서는 이미 토크쇼와 퀴즈쇼가 미국을 중심으로 유행하고 있었죠. 상금을 걸고 대결하는 퀴즈쇼였는데, 우리나라는 방송법으로 금지하고 있어서 못했죠.

1980년대에 아침 정보 프로그램들이 생기면서 다변화하기 시작했어요. 사실은 컬러 TV가 보급되면서 우리나라의 방송은 중흥기를 맞이해요. 광고 시장도 확대되고, 사람들이 TV도 많이 봤죠. 잘 만들어진 드라마가 많이 방송되고 예능 프로그램도 쇼와 코미디에서 벗어나 다양해지기 시작했어요. 토크쇼와 버라이어티 쇼가 생겼죠.

1990년대 초반에 일본에서 버라이어티쇼라는 게 생겨났어요. ENG 카메라를 들고 야외로 나가서 현실을 찍기 시작한 거죠. 일본 TV의 영향을 많이 받아서 우리나라도 〈일요일 일요일 밤에〉라는 버라이어티 프로그램이 처음으로 생겼어요. 스튜디오에 앉아 야외에서 찍어온 프로그램을 보는 "보시죠!" 하는 프로그램들을 생각하시면 됩니다.

2000년대 초반에 미국의 〈아메리칸 아이돌〉, 영국의 〈브리티시 갓 탤런트〉등과 같은 오디션 프로그램들이 생겨났어요. 전 세계적으로 오디션 프로그램의 열풍이 일어났죠. 저는 개인적으로 우리나라의 오디션 프로그램이 외국보다 더 잘 만들었다고 생각해요. 뿐만 아니라 미국에서 서바이벌 프로그램이 생겼죠. 일반인 15명이 섬에 들어가서 살아남는 프로그램이었어요. 마지막 남은 한 명이 100만 달러의 상금을 가져가는 형식이었죠. 우리나라도 서바이벌 프로그램이 생겨났는데, 오디션과 결합돼서 서바이벌 오디션 프로그램이 탄생한 거예요. 이렇게 예능 프로그램들이 확장되기 시작했어요.

지금의 예능 프로그램들은 리얼 버라이어티뿐만 아니라 관찰 프로그램, 여행 프로그램, 〈윤식당〉 같은 독특한 프로그램도 있죠. 전 세계에서 예능 프로그램이 제일 다양한 나라가 대한민국이 아닐까라는 생각을 합니다.

편 방송과 예능의 역사가 거의 일치하네요.

신 예능 프로그램은 다른 장르에 비해서 확장성이 커요. 방송 기술의 발전과 연관이 깊고요. ENG 카메라가 생기면서 바로 야외에서 할 수 있는 예능 프로그램들이 생겨났죠. 앞으로도 기술의 발달과 맞물려서 예능 프로그램의 새로운 장르가 계속 생겨날 거예요.

예능 프로그램의 목적은 무엇인가요

편 예능 프로그램의 목적은 무엇인가요?

신 시청자에게 재미를 주는 게 목표예요. 시청자에게 웃음과 감동을 주면서 화면에서 눈을 못 돌리도록 몰입하게 만들어야 한다는 뜻이죠. 그게 예능 PD들의 지상 과제예요.

"재미있게 만들어라."
"재미있게 만드는 게 제일 중요하다."

재미있다는 건 웃음만을 의미하진 않아요. 눈을 돌리지 못하게 하는 것. 그게 바로 제가 생각하는 예능 프로그램의 목표입니다. 그러기 위해서는 '재미'가 어디에서 유래되고 확장되는지 알아야 돼요. 가장 중요한 게 시청자들의 공감과 꿈이죠. 공감은 현실과 맞닿는 부분이에요. 내가 겪는 생활 속에서 부딪히며 지었던 미소, 웃음, 눈물, 울음, 질투, 분노 등이 모두 공감의 요소들이죠. 그런 것들이 기초가 돼서 재미의 한 축을 이루어요.

또 하나는 '꿈'입니다. 현실에서는 이루어지지 않지만 언젠가는 이루고 싶은 바람이죠. 집이 고쳐져 있거나 멋있는 남자 친구가 생기거나 돈벼락을 맞는 등의 엉뚱한 바람이 현실과 절묘하게 이루어져 '재미'를 형성합니다. 그래서 예능 프로그램에서 가장 많이 쓰이는 글자가 '과연'이라는 자막이에요. 시청자들의 눈을 계속 붙잡는 자막이죠. 이런 모든 것들이 재미와 연결되어 있습니다.

PD가 하는 일을 알려 주세요

편 PD가 하는 일을 알려 주세요.

신 우리나라와 외국의 PD는 개념이 달라요. 외국의 PD는 프로듀서producer의 줄임말이라면, 우리나라는 '프로듀서producer+디렉터director'의 약자라고 할 수 있어요. 외국의 PD는 디렉터와 구분되는데, 프로그램의 기획, 예산, 홍보, 마케팅 등을 주로 책임지죠. 프로그램을 연출하는 디렉터는 따로 있어요. 즉 프로듀서가 디렉터를 고용하죠. 우리나라는 그런 구조가 아니라 프로듀서가 디렉터의 기능까지 같이 해요. 우리나라 방송사 PD는 외국 방송사의 프로듀서와 디렉터 역할을 함께 하는 사람이에요.

편 우리나라 방송사 PD가 하는 일에 대해 알려 주세요.

신 한 마디로 프로그램 만드는 일을 해요. 영화 마지막의 엔딩 크레디트End credits를 보면 이 영화를 만든 사람들이 했던 일들과 이름이 다 올라가잖아요. 방송 프로그램도 마지막에 기획 누구, 대본 누구, 카메라 누구 조명 누구 이렇게 올라가잖아요. 가만히 보면 카메라도 있고 대본도 있고 연기자도 있고

컴퓨터 그래픽도 있고 편집도 있어요. 그래서 PD가 아무것도 안 하는 것처럼 보이기도 해요. 그런데, 사실은 PD는 모든 분야의 일을 다 관여하는 거죠.

물론 모든 일에는 전문가가 있어요. 카메라는 카메라 감독이 있고, 세트는 세트 디자이너가 감독이 되죠. 대본도 작가가 쓰고, 컴퓨터 그래픽도 아트 디렉터가 있어요. 그런데, PD는 그 모든 과정에 다 참여해서 협의를 이끌어 내요. 카메라 감독에게 '앵글을 이렇게 잡아주세요', 작가에게 '프로그램의 대본을 이렇게 써주세요', 세트 디자이너에게 '어떤 세트를 만들어주세요', '어떤 분위기를 연출해주세요' 이렇게 이야기하죠. 즉, PD는 모든 분야에 관여를 해서 전체적인 프로그램을 이끌어 가는 사람입니다. 그래서 모든 분야에 대해서 얘기할 수 있는 능력이 반드시 있어야 되고요. 각각의 분야를 놓고 볼 때 최고 실력자만큼 뛰어나진 않아도 한 프로그램의 성공을 위해 모든 분야의 전문가와 얘기할 수 있는 실력은 갖춰야 해요.

예를 들어 볼게요. PD가 카메라 감독만큼의 기술은 없어요. 그렇지만 70~80% 정도의 능력은 있어야 그 분야의 최고인 카메라 감독과 대화할 수 있고, 작품을 이끌 수 있어요. 소품의 경우 어떤 소품이 필요하다는 걸 알 수 있어야 하고, 작가가 대본을 쓸 때 이런 디테일이 필요하다고 요구할 수 있죠. 세트 디자인의 경우 내가 봤던 어떤 세트 디자인을 예로 들면서 "어떤 파란색이 더 있었으면 좋겠고, 붉은색 계통이 있었으면 좋겠다. 이런 것들을 더 많이 필요로 한다, 어떤 문양이 있었으면 좋겠다." 이렇게 이야기를 하죠.

컴퓨터 그래픽의 경우 '외국에 이런 CG가 있는데 이걸 구현하려면 얼마만큼의 시간이 필요하고 어떤 장비가 필요한지' 사전에 충분한 이야기를 해서 자신의 프로그램에 실현되도록 하는 만들어 내요

이렇게 프로그램의 기획부터 방송까지의 모든 작업에 PD가 관여합니다. 아무것도 안 하는 것 같지만 사실은 모든 일을 처음부터 끝까지 모든 일을 하는 사람이에요. 영화의 영화감독보다 더 많은 일을 하는 사람이라고 할까요? 최근에 영화감독은 디렉터의 일만 하는데 방송사 PD는 아직까지 프로듀서와 감독의 일을 동시에 하거든요. 최근에는 방송사가 프로듀서 역할을 해 주고, PD는 연출에 몰입하게 해주는 변화가 생기고 있습니다.

편 우리나라 방송사 PD는 전체적인 그림을 머릿속에 그리고, 그 그림의 완성을 위해 전문가들을 참여시키는 사람이네요.

신 그렇죠. 완벽한 작품을 위해 사람들을 적재적소에 배치해요. PD가 갖고 있는 가장 큰 권한 중의 하나가 인사권, 예산권이에요. 어떤 스태프staff를 쓸 건지, 어떤 연예인을 캐스팅casting할 건지 PD가 정하죠. 예산이 한정되어 있기 때문에 그 한도 내에서 여러 가지를 조율하면서 가장 좋은 프로그램을 만들어 내야 합니다. 그래서 PD의 역할이 가장 중요한 거예요.

시트콤은 예능인가요, 드라마인가요

편 시트콤sit com은 예능인가요, 드라마인가요?

신 드라마와 예능의 중간 성격이에요. 코미디 요소가 워낙 강하죠. 코미디는 예능 프로그램이거든요. 시트콤을 연출하는 PD를 보면, 드라마 PD가 하는 경우가 3분의 1, 예능 PD가 하는 경우가 3분의 2 정도 돼요. 개인적인 생각이지만 우리나라의 시트콤은 예능에 속하는 것 같아요. 왜냐하면 드라마는 60분~70분 정도의 호흡이고, 시트콤은 20분~30분 정도 되는 짧은 호흡이에요. 빠른 호흡으로 웃음을 주는 건 예능의 영역이기 때문에 예능 PD를 더 선호하는 것 같아요.

편 어떤 작품이 있었죠?

신 〈안녕, 프란체스카〉도 예능 PD 작품이고, 〈거침 없이 하이킥〉의 김병욱 PD도 예능 PD 출신이에요.

편 예능 PD는 만능인 것 같아요.

신 맞아요. 예능 PD들이 제일 만능이래요. 예능 PD 하다가 드라마, 다큐멘터리로 가는 사람들도 많아요. 뉴스로 가서 '뉴스를 새롭게 만들고 싶다.'는 사람들도 있고요. 멀티플레이가 가능하기 때문에 다방면으로 갈 수 있죠. 최근에는 이미지 마케팅이나 정치 컨설팅에도 예능 PD의 역할이 커지고 있어서 그쪽 분야로 진출하는 사람들도 있습니다.

이 직업의 가장 큰 장점은 무엇인가요

편 이 직업의 가장 큰 장점은 무엇인가요?

신 내가 만든 결과물을 많은 사람들과 공유한다는 거요. 사실 이건 중요한 거예요. 보통은 자신이 만든 결과물을 가지고 많은 사람과 이야기하는 게 불가능해요. 핸드폰을 만드는 사람이 내가 작업과정에서 무슨 일을 했는지 일반인과 얘기하기 힘들어요. 듣는 사람도 이해할 수 없고요. 자동차를 만드는 사람도 마찬가지예요.

그런데 예능 PD는 달라요. 내 노동의 결과물이 방송 프로그램이기 때문에 이걸 본 어느 누구와도 쉽게 공감하면서 대화할 수 있죠.

"프로그램 되게 재미있더라."

"감동적이었어."

"이런 건 좀 별로더라."

이 분야를 잘 모르는 사람하고도 내가 만든 프로그램에 대해 얘기할 수 있다는 건 이 직업의 가장 큰 매력이에요. 내 노동이 만든 결과물이 나를 소외시키지 않는 느낌이라고 할까요?

편 "내 노동의 결과물로부터 내가 소외되지 않는다."라는 말씀이 좀 어렵지만 중요한 내용인 것 같아요. 이 책을 읽는 청소년들이 이 부분에 대해 많은 고민을 하면 좋겠습니다. 내 노동의 결과물과 내가 철저하게 분리되는 직업들도 우리 주위에는 많으니까요.

신 우리는 그런 걸 교육받은 적이 없어요. 그래서 그걸 생각하고 직업을 선택하는 경우가 거의 없죠. 그런데 인생을 살면서 이게 중요하다는 걸 느끼게 될 거예요. 사회가 발전할수록 또는 인공지능 AI가 우리의 노동을 대체하는 시대가 온다면 나와 내 노동이 분리되는 노동 소외 현상이 사회적 문제가 되겠죠. 저는 이 직업을 우연찮게 선택했지만 제일 잘한 선택이었고, 이 일은 이 세상에서 제일 완벽한 직업 중에 하나인 것 같아요.

편 내가 만든 결과물을 많은 사람과 공유한다는 게 장점도 있지만 힘든 점도 있지 않나요?

신 물론 있습니다. 많은 사람들이 보기 때문에 "그게 뭐냐?", "재미없어."라는 욕을 먹기도 해요. 그런데 대중의 그런 부정적인 반응조차 들을 수 없는 직업이 많잖아요. 대중문화에 종사한다는 건 대중과 내가 결합되어 있다는 거고, 저는 거기에서 큰 행복을 느낍니다. 제가 살아가는 이유인 것 같고, 저를 제일 기쁘게 하는 일이기도 해요.

편 내가 하는 일이 나를 가장 기쁘게 하고, 내가 살아가는 이유인 것 같다는 말씀이 큰 감동입니다. 자신의 일에서 그런 희열을 느낀다면 그 사람은 단 하루를 살더라도 정말 행복한 사람이라고 생각해요.

신 예능 PD의 장점 한 가지가 더 있어요. 항상 젊게 산다는 거죠. 이 직업을 가진 사람들은 '젊은 사람들의 생각이 뭘까?'를 항상 고민해요. 저도 거의 쉰 살이 되어 가지만 젊은 사람들의 시선으로 세상을 보려고 노력해요. 나이가 많은 사람들도 방송에서 젊은 사람들의 생각이 뭔지 알려주길 바라죠. 저희 부모님께서도 또래 이야기보다는 '요즘 젊은 애들은 어떤 생각을 해?'라고 계속 물어보세요.

예능 PD는 끊임없이 젊은 친구들의 이야기에 귀를 기울여요. 그들의 옷차림, 유행하는 음악, 세상을 바라보는 시선, 노는 문화 등에 항상 신경을 세우죠. 하는 일이 이렇다 보니까 제가 제 또래의 친구들보다 더 젊게 사는 것 같아요.

편 방송사 내의 다른 분들도 그렇게 생각하시나요?

신 보통 예능 PD가 교양 PD보다 훨씬 더 젊어요. 예능 PD들이 철없어 보인다는 이야기도 많이 듣고, 꼰대 같지 않아서 좋은 것 같대요.

편 즐거움을 주는 프로그램 만들어야 하니까 내가 즐거운 인생을 살아가려고 더 노력하는 것 아닐까요?

신 맞아요. 재미나 즐거움을 찾는 사람들이기 때문에 '한번 사는 인생, 가급적 즐겁게 살아야지!'라는 생각을 많이 합니다.

예능 PD에게 가장 중요한 능력은 무엇인가요

편. 예능 PD에게 가장 중요한 능력은 무엇인가요?

신. 좋은 프로그램을 만들려면 아이디어도 좋고, 디테일도 있어야 해요. 스텝들을 이끌어가는 힘, 인내심과 끈기, 흔들리지 않는 강인함 등이 촘촘히 결합해야 좋은 프로그램이 탄생해요. 보통 사람들은 예능 PD의 가장 중요한 능력 중에 하나로 창의력을 생각해요. 물론 그것도 중요하지만 저는 개인적으로 공감 능력이라고 생각해요.

편. 창의력보다 중요한 공감 능력!

신. 동시대의 사람들이 어떻게 살아가고 있는지, 어떤 아픔을 느끼고 어떤 감정을 갖고 있는지 공감하는 게 예능 PD의 가장 중요한 능력인 것 같아요. 그러한 공감이 예능 프로그램의 가장 기본이라고 생각하고요.

내가 프로그램을 기획하고 디테일을 만들고 어떤 자막을

녹화 현장

하나 쓰는 것까지 동시대 사람들의 감정 포인트를 정확히 잡아내서 녹여야 해요. 자막 하나, 웃음 포인트 하나도 그게 기본입니다.

편 공감 능력에 대해 더 자세하게 설명해 주세요.

신 동시대 사람들이 느끼는 웃음과 미소, 아픔과 슬픔을 내가 함께 느껴야 해요. 관심을 계속 가져야 하고요. 신문을 많이 읽고, 젊은이들이 자주 가는 커뮤니티에 가서 어떤 말들이 유행하는지 살펴요. 예를 들어 세월호의 아픔이 있었다면 사람들이 어떻게 슬퍼하고 있는지, 88만 원 세대의 아픔은 뭔지, 취업난을 사람들은 어떻게 느끼고 있는지 함께 공감하려고 노력해요. 그래야 내가 만든 프로그램이 그들에게 웃음과 감동을 줄 수 있어요.

공감 능력을 높이는 방법이 있나요

편 공감 능력을 높이는 방법이 있나요?

신 사람마다 여러 가지 방법이 있겠지만 저 같은 경우에는 뉴스 시청과 독서에 많은 노력을 기울여요. 간접 체험을 많이 하는 게 가장 중요한데, 그게 독서잖아요. 사실 요즘은 TV를 통해서 할 수 있는 게 많아요. 그래도 생각을 많이 하는 훈련은 독서가 최고인 것 같아요. 2017년에 방영했던 〈알쓸신잡〉이라는 프로그램에서 김영하 소설가가 했던 말이 있어요.

"인류의 발전에서 책이 한 역할은 과연 무엇일까요?"
"책은 인간의 공감능력을 전반적으로 향상시켰습니다."

저는 특히 소설을 읽을 때 많이 공감했어요. 인간이 가지는 아픔과 다양한 감정에 대해 알게 되었고, 저 또한 책을 통해 공감 능력이 향상되었다고 생각합니다. 사람들은 특별한 기발함보다도 자신이 공감할 수 있는 자막 한 구절을 더 좋아한다고 생각합니다.

편 "내가 알고 있는 것들을 보여줄게요."보다는 "저와 함께 기뻐하고 슬퍼하시죠."가 더 정확한 표현이겠어요.

신 MBC 입사 초기 때 들었던 조언이 있어요.

"너희들은 명문대 나온 엘리트지만 TV라는 매체는 엘리트만 보는 게 아냐. 너희들의 지식을 나열하는 순간 방송은 망해. 정확하게 시청자 눈으로 접근해야 해. 너희들이 가진 지식의 나열 터가 되면 절대 안 돼."

편 맞아요. 신문기사도 초등학교 3학년, 4학년이 읽을 수 있게 써야 돼요.

신 학문은 학교에서 배울 수 있지만 나를 낮추어 공감하는 건 어디에서도 가르쳐 주지 않아요. 그런데 대중문화에 종사하다 보면 그걸 배우게 되죠. 대중문화를 직접 만드니까요. 사실 서울대를 나와서 빠순이 문화를 어떻게 이해하겠어요. 그렇지만 전 세계적으로 분명 존재하는 문화거든요. 이해하지 못하면 만들 수 없어요. 그래서 대중문화에 종사하는 사람은 많이 겸손해야 하고, 끊임없이 배워야 해요. 나중에는 나를 낮춘다는 생각조차 들지 않을 정도로 모든 문화와 다양성을 존중하게 되죠.

'공감시키고 싶다.'는 생각으로 만든 프로그램은요

편. 내가 먼저 포인트를 잡아서 '내가 공감하는 거에 사람들을 공감시키고 싶다.'는 생각으로 만든 프로그램도 있나요?

신. 대중이 공감하는 거에 나를 맞추기도 하지만, 내가 공감하는 거에 대중들을 끌어오고 싶은 욕심도 분명히 있어요. 제가 만든 〈쎄시봉〉이라는 프로그램이 있어요. 그들의 음악에 제가 깊이 공감했고 사람들에게 널리 알리고 싶었죠. '이 아저씨들을 어떻게 알려야 할까?' 방법을 고민하다가 동시대 사람들이 가장 좋아하는 유재석과 김원희라는 진행자를 결합했죠. 그러면 추억의 음악과 이 시대 사람들 사이에 놓여 있는 걸림돌을 보다 쉽게 극복할 수 있으니까요.

사회적인 공감대를 크게 이뤄낸 작품이 있나요

편 예능 프로그램 중에 사회적인 공감대를 크게 이뤄낸 작품이 있나요?

신 앞에서도 잠깐 말씀드렸지만 제가 존경하는 선배님이신 김영희 PD가 만든 작품 중에 〈느낌표〉라는 프로그램이 있어요. 2004년도에 만들었는데 사회적으로 대단했었죠.

〈신동엽의 하자 하자〉라는 코너가 있었는데, 학생들에게 아침밥을 먹이는 게 얼마나 중요한지 다 같이 공감하는 시간이었죠. 〈책, 책, 책을 읽읍시다〉는 성적이 좋고 나쁘고를 떠나서 독서가 얼마나 중요한지 생각하는 계기가 되었어요. 그리고 오토바이 타는 걸 막을 수 없다면 헬멧이라도 씌워서 안전하게 해 주자라는 코너도 있었고요.

저는 그런 것들이 공감 능력이라고 생각해요. 아이들의 시선, 약자의 시선, 슬픔의 시선이죠. 가장 낮은 곳에서 세상을 바라보는 시선을 갖춰야 해요. 그런 공감 능력이 있어야 웃음과 감동을 줄 수 있다고 생각해요.

창작의 고통이 있나요

편 예능 PD는 무언가를 창조하는 사람이잖아요. 창작의 고통이 있나요?

신 당연히 있어요. 그렇지만 창작의 고통을 덜어주는 장치가 많이 있죠. 그중에 하나는 이 일이 혼자 하는 게 아니라 여러 사람들과 함께하는 공동 작업이라는 거죠. 작가들도 있고, 회사 위에 부장님, 국장님도 있어요. 그런 사람들이 고통을 분담해 주기도 하고, 걸러 주기도 해요. 창작의 고통을 혼자 짊어지지 않도록 제도적으로 보완해주는 장치가 있어요. 아이디어를 혼자 고민하지 않도록 작가들을 옆에 붙여주고, 그걸 선배들과 끊임없이 이야기하죠. 프로그램으로 만들 때에는 혼자만 도장 찍는 게 아니라 상사들과 같이 책임을 져요.

물론 PD의 책임이 사라지진 않아요. 프로그램 들어가기 전의 어떤 고통, 아이디어가 떠오르지 않을 때의 괴로움은 당연히 있죠. 그게 두렵고 싫다면 예능 PD를 못해요. 고통이 있는 만큼 성공했을 때 희열은 굉장히 크죠. 어쩔 수 없이 겪어야 하는 아픔인 것 같아요.

외주사보다 방송사의 작업 환경이 좋나요

편 외주사보다 방송사의 작업 환경이 좋나요?

신 비교하기 어려운 부분이 있어요. 그래도 이해하기 쉽게 수치상으로 말씀드리자면 외주사의 작업환경이 50이라면 방송사의 작업환경은 100으로 보면 됩니다. 아직까지는 많은 차이가 납니다. PD 개인의 입장에서 보면 방송사 PD는 설령 프로그램이 실패해도 방송사라는 조직에서 어느 정도 뒷받침을 해줘요. 실패에 대한 두려움이 적은 거죠.

"네가 프로그램을 2번 정도는 실패해도 그건 회사에서 감당해야 할 일이야. 그 정도는 너에 대한 투자라고 생각해."

그런데 방송사가 아니라 외주 프로덕션이라면 이야기가 달라져요. 실패하면 안 되죠. 그래서 사람들은 기를 쓰고 방송사 PD가 되려는 것 같아요. 한두 번 실패해도 기회가 주어지는 곳이 방송사니까요. 대신 외주 프로덕션의 장점도 있어요. 일단 방송사 같은 대형 조직이 아니니까 조직의 결정이 빠르고 순발력 있게 프로그램을 준비할 수 있죠. 그리고 프로그램이 성공했을 때 받을 수 있는 인센티브가 훨씬 더 크고요. 최근에는 중국과 동남아의 콘텐츠 시장이 열리면서 외주 프로덕션의 위상이 점점 올라가는 추세입니다.

아이디어를 어떻게 얻는 거예요

[편] 앞에서 김영희 PD를 전 세계 예능 역사에 남은 분이라고 하셨어요. 그런 분들은 아이디어를 어떻게 얻는 거예요?

[신] 남들이 한번 도 안 해본 걸 하고 싶은 게 모든 예능 PD의 고민이에요. 아무도 안 했지만 모든 사람들이 공감하는 프로그램이 뭐가 있을까 고민하죠. 김영희 PD는 프로그램 아이디어 회의를 3개월 넘게 한 적도 있어요. 굉장히 긴 시간이죠. 하루에 10시간씩 3개월 동안 아이디어 회의를 한다고 생각해 보세요. 그 긴 시간을 참으면서 나가는 거죠. 특히, 〈느낌표〉 아이디어는 남해와 서해의 섬에 가서 1주일 동안 아이디어 회의를 하면서 나온 건데 그만큼 집중력과 인내심이 필요합니다. 개인적으로 김영희 PD는 아이디어 회의를 하는 기간에는 자가용이 아닌 대중교통을 이용한대요. 대중교통으로 이동하면서 사람들을 관찰하는 거죠.

'저 사람은 무슨 생각을 하고 있을까?'

그중 하나가 새벽에 귀가할 때

'누가 새벽 2시에 저 신호등을 지킬까?'

'그걸 정말 지키는 사람이 있을까?'

'나는 안 지켰는데.'

그 순간의 아이디어가 예능과 결합해서 프로그램으로 탄생했고 대성공했어요. 내 머리에 잠깐 스친 생각을 다른 사람도 한 번은 했을 거라고 판단한 게 정말 대단한 것 같아요.

예능 PD의 아이디어가 특별한 과정을 거치는 건 아니에요. 결국 자신의 생활과 밀접한 관련이 있죠. 주위 사람들을 관찰하고, 생활을 살펴봐요. 신문과 뉴스를 보면서 사회 현상을 들여다보는 것도 정말 중요해요.

특히 PD의 취미나 관심사가 제일 중요한 소재가 돼요. 자신이 좋아하는 걸로 프로그램을 하는 게 성공할 확률이 제일 높은 것 같아요. 저도 경험했고요. 제가 음악을 좋아하면 음악으로 접근해서 공감을 확산시키고, 여행을 좋아하면 여행으로 공감을 만드는 게 성공할 확률이 높아요. 나영석 PD가 대표적인 경우죠.

예능 PD가 모이면 재미있나요

편 예능 PD가 모이면 재미있나요?

신 제가 모든 예능 PD를 만난 건 아니지만 그래도 두 가지는 확실한 것 같아요.

첫 번째는 재미있게 사는 걸 좋아하는 사람들이 모여서 굉장히 웃기죠. 심심하거나 진지한 걸 좋아하지 않아요. 근엄한 것과 나이 드는 것을 제일 싫어해요. 세상을 재미있고 긍정적으로 보는 면이 강한 것 같아요. 아무튼 '재미가 없으면 의미가 없다!' 이런 거죠.

두 번째는 대부분의 예능 PD는 음악, 만화, 영화, 책 중에 하나는 무조건 좋아하는 것 같아요. 이런 걸 좋아해서 예능 PD가 된 건지, 예능 PD여서 좋아하게 된 건지 선후를 알 순 없지만 아무튼 그래요.

편 선생님은 모임에서 주로 어떤 이야기를 하세요?

신 저는 음악을 좋아하는 PD랑 많이 모여요. 음악 이야기를 많이 하죠. 마포에 있는 LP bar에도 가고요. 혹시 '씽씽밴드' 라고 아세요?

편 아니요. 처음 들었어요.

신 국악을 신기하게 만드는 친구들이에요. 유튜브에도 나오는데, 최근에 이 친구들의 음악 이야기를 나누었어요.

예능 PD가 제일 많이 만나는 사람들은 누군가요

편 예능 PD가 제일 많이 만나는 사람들은 누군가요?

신 아무래도 작가죠. 작가는 PD와 하는 일이 거의 비슷해요. 프로그램의 처음부터 끝까지 함께 하기 때문에 제일 많이 만나죠. 작가와 PD를 묶어서 연출부라고 해요. 프로그램의 아버지가 PD라면 어머니는 작가라고 할 수 있어요. 서로 보완해주는 관계죠. PD가 예산을 따오고 집행을 하고 캐스팅을 하면 작가는 다른 세부적인 것들을 채워줘요.

편 PD와 연예인은 관계가 좋나요?

신 우리나라는 PD랑 연기자의 관계가 되게 좋아요. 제가 중국에서 일할 때 보니까 중국은 PD랑 연기자가 사석에서 만나는 경우가 거의 없더라고요. 현장에서만 만나니까 소통이 별로 원활하지 않았어요.

우리나라는 달라요. 개인적으로 자주 만나고, 형과 아우로 지내기도 해요. 서로의 취미를 알게 되면 프로그램에서 의기투합할 때도 있죠. 프로그램이 안 맞아서 못 한다고 했다가 서로 친해지면 할 때도 있고요. 우리나라는 정이 남아 있는 사회 같아요.

편 연예인들은 TV에서 볼 때와 개인적으로 만날 때가 많이 다른가요?

신 대부분 다른 것 같아요. 물론 똑같은 사람들도 있고요. 저는 아무래도 TV와 실제 모습이 똑같은 연예인들과 더 친한 것 같아요. 그런 사람들과 관계가 오래 지속되고 좋은 친구가 될 수 있으니까요.

편 연예인도 힘든 직업이겠어요. 끼에 재능, 그리고 방송이 공동 작업이다 보니 성격도 중요하니까요.

신 연예인이라 해도 TV에서 자신의 본 모습을 무조건 감출 순 없어요. 저는 인간성을 숨길 순 없다고 생각하거든요. 대부분 그대로 보여요. 아마 여러분이 TV에서 본 연예인 모습이 정말 그 사람의 성격일 거예요. 예를 들어 유재석 씨는 TV에서 보이는 그대로 정말 좋은 사람이에요. 인간성이 좋고, 예의가 바르죠. 신동엽 씨는 재치 있고 정말 재미있어요.

편 유재석이라는 사람이 진행하는 프로그램은 아이들과 함께 봐도 부담이 없어요. 모든 사람들을 편하게 해 주는 따뜻한 진행자인 것 같아요.

TV가 우리에게 주는 나쁜 영향은 뭐가 있을까요

편 TV가 우리에게 주는 나쁜 영향은 뭐가 있을까요?

신 너무 재미있어서 다른 생각을 못하게 한다는 거요. 아직까지 전 세계의 모든 TV는 한 방향성이라 시청자들이 방송 내용을 일방적으로 수용하게 만들어요. 시청자 스스로 생각하게 하는 힘을 떨어뜨리고 방송에서 말하는 모든 정보를 믿게 만들어요. 힘이 아주 강하죠. 잘못된 정보를 내보낼 경우 다시 거두는 것도 불가능하고요.

편 청소년기에 TV를 어떻게 시청하면 좋을까요?

신 어른들이 잘못하는 것 중 하나가 아이들의 핸드폰을 뺏는 거라고 생각해요. 아이가 하는 게 싫다면 어른도 안 해야죠. 어른들은 하면서 아이들은 못하게 하는 건 제일 나쁘다고 생각해요. TV를 아예 안 볼 수는 없어요. 정해진 시간에만 보게 하는 방법도 있지만, 독서를 놓치지 않고 함께 하는 게 제일 좋다고 생각합니다. 독서는 생각하는 힘을 길러주는 훈련이잖아요. TV를 보면서 비판적으로 받아들인다면 큰 문제가 안 된다고 생각합니다.

편 방송에서 내보내는 자극적인 장면들을 시청자가 비판적으로 받아들이지 않고 그대로 수용한다면 굉장히 나쁜 영향을 줄 수 있다고 생각합니다.

신 미디어 학자 중에 '전파는 공공의 자산'이라고 생각하는 사람들이 많아요. 공익성을 가져야 한다는 의미죠. 전파가 가지는 공공성이 있기 때문에 심의도 필요하고 어떤 안전장치가 필요해요. 방송사는 무조건 이윤을 추구하는 게 아니라 뉴스, 교양 프로그램을 일정한 비율로 제작해야 되고요.

방송법은 분야별로 엄격하게 프로그램 비율을 정하고 있어요. 예능 프로그램 30%, 드라마 30%, 교양 프로그램 몇 % 이렇게요. 케이블 방송사는 성격이 정해져 있지만 KBS, MBC, SBS 공중파 프로그램은 정확한 비율이 있어서 반드시 지켜야 해요.

이렇게 공중파 TV는 재미만이 아니라 정보, 새로운 교양 등을 제공해야 돼요. 그런데 뉴스, 교양 프로그램, 시사 프로그램 등을 사실 시청자들이 많이 보지는 않아요. 그런 프로그램만으로 방송사는 돈을 벌기 어렵죠. 그래서 방송사는 드라마와 예능 프로그램에서 돈을 벌어서 시사 프로그램과 뉴스, 교양 프로그램의 제작에 투자하는 전략을 사용합니다. 전 세계의 모든 방송사가 비슷해요.

편 방송법이 엄격한가요?

신 네. 심의 기구가 있는데 선정적이거나 폭력적인 방송, 또는 잘못된 보도 등에 대해서 심의하고 제재를 할 수 있어요. 방송사 허가 취소도 할 수 있죠. 당연히 프로그램도 즉시 중단 시킬 수 있고요.

편 방송 심의 기구는 어떻게 구성되나요?

신 전 세계가 똑같이 국가 차원에서 관리하고 있습니다. 전파를 사회 공공 재산으로 보는 거죠.

예능 프로그램이 우리 생활에 도움이 될까요

편 예능 프로그램이 우리 생활에 얼마나 도움이 될까요?

신 대중문화가 감정의 처리, 울부짖음, 분노 등을 해소해 줘야 된다고 생각해요. TV는 대중문화를 상징하는 대표적인 매체이고요. 사람들의 슬픔과 아픔, 스트레스를 해소해주는 게 바로 드라마나 예능 프로그램인 것 같아요. 내가 거기에 몰입을 해서 아픔을 잊죠. 예능 프로그램은 그런 점에서 보면 가장 저렴한 사회적 비용으로 사람들의 스트레스를 해소할 수 있는 장르라는 생각이 들어요. 물론 부작용도 있지만 잘 골라서 본다면 스트레스 해소에 큰 도움을 받을 수 있습니다. 사회가 어떻게 돌아가는지, 동시대인들이 어떤 슬픔과 기쁨을 느끼는지 볼 수 있는 게 예능 프로그램이에요.

편 부작용에 대해서 한 말씀해 주세요.

신 예능 프로그램이 약간의 사회적 마취제 같은 역할도 한다는 생각도 들어요. 고통받는 친구들도 있는데 그런 것들을 애써 외면하고 즐거움만 주려고 하는 건 아닌지 고민할 때도 있습니다.

프로그램 제작 과정을 공부해볼까요

편. 프로그램 제작 과정을 공부해볼까요?

신. 크게는 다음과 같은 순서로 진행됩니다.

01 기획

모든 프로그램은 기획을 통해 만들어집니다. 기획은 프로그램의 가장 첫출발이며 가장 중요한 과정이기도 합니다. 기획을 할 때 고려사항은 다음과 같습니다.

- 연출자인 나는 무슨 프로그램을 만들고 싶은가?
- 최근의 유행 트렌드는 무엇인가?
- 해외에는 어떤 포맷의 프로그램들이 있는가?
- 나에게 주어진 방송 편성시간은 어느 요일의 어느 시간대인가?
  Ex) 일요일 오후 6시 편성, 일요일 밤 11시 편성 프로그램은 다를 수밖에 없다

- 어느 정도의 예산으로 만들 수 있는가?

위의 요소들을 모두 고려해서 어떤 프로그램을 만들지 결정합
니다.

음악으로 전하는 단 하나의 감동

더 마스터 –음악의 공존

〈더 마스터〉는 각 장르를 대표하는 음악인들이
최고의 공연을 통해 감동의 무대를 선보이는
음악 예능 프로그램으로
'더 넓고, 더 깊은 음악'이라는 캐치 프레이즈 아래
각 장르의 매력을 보여줄 최고의 무대를
준비하고자 합니다.

☆ 프로그램 구성

1. 형식 : ST 녹화 + ENG
2. 일정 : 스튜디오 녹화 – 10월 18일 (수) 매주 진행
   방송 – 11월 17일 (금) PM 8:00~ (75분물)
3. 진행자 : 윤도현
4. 핵심내용 : 클래식, 국악, 대중가요, 재즈, 락 밴드, 뮤지컬, 인디 락 등 각
   음악 장르를 대표하는 가수들의 무대

☆ 프로그램 기본 구성

- 회차마다 주제를 주며, 음악으로 답을 하는 형식
  Ex) 운명, 시대, 사랑, 영화와 나 등
- 프로그램 구성상 일정 부분 경연 결과 표시
  (1등만 발표. 1~6등까지 순위 매기기가 없으며 탈락자도 없다.)
- 일반인 관객 평가단 300명
- 출연자 현황 :
  클래식 – 임선혜 (소프라노), 김우경 (테너)
  국악 – 왕기철 명창, 장문희 명창
  대중가요 – 최백호 , 박정현, 이승열
  재즈 – 윤희정, 김광민 교수
  Rock Band – 이승환, 크라잉 넛
  뮤지컬 – 최정원, 박은태, 신영숙
- 장르별 출연자는 2~3명으로 각 출연자당 3~4회 정도 공연

02 캐스팅

캐스팅은 프로그램에 필요한 사람들을 계약하는 일입니다. PD는 출연자부터 카메라맨, 작가까지 모든 캐스팅 권한을 가지고 있습니다(단, 주어진 예산 안에서 해야 합니다).

☆ 출연자 캐스팅

연예인 캐스팅 - 연예인 캐스팅은 대부분 연예인 매니저를 통해 접촉해서 프로그램에 대해 설명을 하고 스케줄 및 출연료 등에 대한 조율을 거친 후 최종확정이 됩니다.

연예인의 출연료는 철저하게 시장원리에 의해 결정되는데 대중에게 인기가 많은 연예인은 출연료가 높으며 기존에 하는 프로그램도 많기 때문에 스케줄 조정이 쉽지 않습니다. 그러나 적절한 캐스팅은 프로그램의 성공을 위한 아주 중요한 요소이기 때문에 정말 그 연예인이 필요할 경우 스케줄에 맞추어 모든 스텝이 기다립니다.

특히, 우리나라는 연예인과 PD 간의 정이 많이 남아 있어서 우정으로 출연하는 경우가 있지만, 미국이나 중국은 철저하게 비즈니스적인 관계로 출연을 결정합니다.

MC 캐스팅 – 프로그램에 따라 MC가 필요한 경우, 연예인이 MC를 하는 경우가 있습니다. MC가 있으면 시청자들에게 무언가를 전달할 때 많은 도움이 되므로 프로그램에 맞는 MC를 캐스팅합니다. 나레이션을 담당하는 성우도 프로그램 성격에 맞게 캐스팅합니다.

일반인 캐스팅 – 최근에 일반인이 출연하는 프로그램들이 늘어나고 있습니다. 특히 일반인은 프로그램의 특성에 맞게 정확히 캐스팅되어야 하는데 아무래도 그 사람에 대한 정보가 적기 때문에 인터넷이나 모바일을 통해 신청을 받아서 캐스팅하는 경우가 많습니다.

★ 스텝 캐스팅

카메라 앞에서 서는 사람들뿐만 아니라 뒤에서 도와주는 사람들도 캐스팅해야 합니다. 이 사람들을 '스텝'이라고 하는데 스텝 중에서 '작가와 PD'를 '연출진'이라고 합니다.

작가 - 프로그램 연출진으로 아이디어를 낸다.

카메라맨 - 스튜디오 카메라 , ENG 카메라

음악/효과 - 편집 시 효과음이나 음악을 선곡

동시 녹음 - 현장의 소리를 픽

조명 감독 - 스튜디오 조명 / 야외 조명

미술 감독 - 스튜디오 세트의 디자인

특수 효과(컴퓨터 그래픽 등) - 자막, 컴퓨터 그래픽, 야외

녹화 시 특수효과

03 사전 답사 및 무대 구성

예능 프로그램은 크게 야외 촬영물과 스튜디오 구성물로 나뉘는데, 야외 촬영물은 주된 촬영이 야외에서 이루어집니다. KBS 〈1박 2일〉, MBC 〈무한도전〉, JTBC 〈한 끼 줍쇼〉등이 대표적인 야외 촬영물입니다. 방송가에서는 ENG 구성물이라고도 하지요.

이에 반해 스튜디오 구성물은 방송사가 소유한 스튜디오 안에서 녹화하는 프로그램을 말합니다. M.net 〈너의 목소리

〈더 마스터 음악의 공존〉 스튜디오 세트

가 보여〉, MBC 〈나는 가수다〉, 〈복면가왕〉 등이 대표적인 스튜디오 구성물입니다.

야외 촬영인 경우 본 녹화에 앞서 연출진(PD+작가)과 촬영 스텝(카메라+조명등)이 사전 답사를 가서 촬영 현장이 어떤 조건인지 알아야 하며 그 결과에 따라서 대본을 수정하기도 합니다.

스튜디오 구성물의 경우 세트 디자인부터 조명까지 무대

를 사전에 의뢰해서 녹화 날에 맞추어 구성해야 합니다.

외국의 경우 야외에서 촬영하는 것이 무척 어렵습니다. 촬영이 일반 시민들의 통행에 불편을 주기 때문에 사전에 허가를 받지 못하면 할 수 없습니다. 그러나 간단한 방송물은 그 나라의 홍보 및 관광을 유치할 목적으로 허용합니다. 우리나라는 시민들이 TV에 무척 관대한 편이서 ENG 촬영이 쉬운 나라로 꼽힙니다. 그러나 야외 촬영을 할 경우 방송사에서 섭외한 출연자 이외에는 각자에게 초상권이 있기 때문에 방송사 연출진이 개인으로부터 허락을 받지 못하면 모든 얼굴을 모자이크 처리해야 합니다. TV를 보면 거리에서 촬영할 때 뒤에 나오는 사람들을 모자이크 처리하는 경우가 있는데 그 이유는 일반인들로부터 초상권에 대한 허락을 받지 못했기 때문입니다.

04 녹화

녹화에 앞서 연출진(PD+작가)은 출연자들과 많은 회의를 합니다. 대본을 쓰고 각종 시뮬레이션을 하면서 목적에 맞는 녹화를 위해 예행연습을 합니다.

방송은 크게 녹화와 생방송으로 나뉩니다.

생방송은 실시간 방송되는 것으로 각종 뉴스와 스포츠 경기 등이 있고, 예능 프로그램의 경우 쇼 프로그램이 생방송을 하는 경우가 많습니다.

야외 녹화의 경우 정해진 장소에서 연예인들과 일반인들로 이루어진 출연자들이 나오고 PD가 모든 상황을 통제하면서 녹화를 합니다. 녹화 전에 출연자들과 스텝들은 대본을 숙지해야 합니다.

스튜디오 카메라

현장 기술 장비

최근 예능 프로그램의 중요해진 것 중 하나가 '의외성'입니다. '돌발성'이라고도 합니다. 〈무한도전〉과 같은 '리얼 버라이어티 프로그램'이 유행하면서 출연자들이 대본에 맞추어 행동하는 것보다 각 개인의 개성과 환경에 맞게 예외적으로 행동하게 되는 상황을 시청자들이 좋아해서 프로그램 캐릭터의 '의외성'이 아주 중요합니다. 대부분의 '리얼 버라이어티 프로그램'은 대본이 있긴 하지만 대본에는 흐름만 나와 있을 뿐, 출연자들의 구체적인 대사나 어떤 행동까지 지시하진 않습니다.

현장 기술 스탭

그래서 리얼 버라이어티 프로그램은 대본대로 녹화된 것을 가장 실패한 녹화라고 간주합니다. 가령 녹화를 하다가 갑자기 폭우가 오거나 교통이 꽉 막히거나 약속을 못 지키게 되는 돌발 상황이 터져야 시청자들은 더 생생한 재미를 느낄 수 있습니다. 예능 프로그램의 재미가 시청자들의 실제와 맞닿아 있다는 것을 알 수 있습니다.

현장 중계차 내

05 편집

녹화 후에 하는 포스트 프로덕션post-production작업으로 재미있는 부분을 골라서 가장 재미있는 효과를 입히는 작업입니다. 자막을 넣는 작업부터 내용에 알맞은 음악을 넣은 작업까지 포함합니다. 최근 들어 예능 프로그램은 편집 작업의 중요성이 점점 커지고 있습니다. 사실 촬영 원본을 보면 그다지 재밌는 부분이 아니지만, 편집을 통해 아주 재밌는 상황으로 만들어지는 경우가 많습니다. 그 이유는 주로 리액션reaction이라는 장면 때문인데, 일반적으로 녹화할 때에는 말하는 사람 위주로

편집 기기

주목을 하다 보니 모든 사람의 표정을 다 읽을 수 없습니다. 그런데 편집을 하면서 모든 사람의 표정을 보게 되는데 당황스러운 표정이나 다른 곳을 보고 있는 사람들의 표정에 자막 또는 음악을 넣으며 재미를 배가시킵니다. 그래서 편집은 실질적으로 가장 많은 시간이 소요되는 작업입니다.

편집 과정

방송분량은 60분이지만 그 분량의 편집을 위해 3~4명의 PD가 3~4일을 매달려 일합니다. 이러한 PD들의 편집능력이 바로 한국 예능 프로그램의 경쟁력을 키우는 가장 중요한 요소라고 생각합니다.

06 심의

방송법상 모든 방송물은 정해진 법에 따라 사전 심의를 받아야 하며 이에 따라 시청 등급(12세, 15세, 18세, 전 연령 등급 등)이 판별됩니다.

단 생방송의 경우 사전심의가 불가능함으로 미리 대본을 제출하는 것으로 심의를 대체합니다.

07 방송

약속된 편성시간에 방송을 송출합니다.

일반적으로 60분 방송물의 경우 광고를 10분의 1인 6분까지 넣을 수 있으며 인기가 높은 프로그램은 광고가 완판되고, 인기가 낮은 프로그램은 광고가 안 팔리는 경우도 있습니다. 2000년대 까지는 방송 시장이 대부분 광고 시장에 의존해 왔는데 2010년부터 인터넷과 모바일 미디어가 보급되면서 TV 광고뿐만 아니라 여러 플랫폼에 판매되는 콘텐츠 수입도 점차 증가하는 추세에 있고 최근에는 해외에 판매되는 포맷 사용료도 점차 증가하는 추세입니다.

08 시청자 의견 및 피드백Feedback

방송 후 시청자 게시판이나 각종 모니터 요원들의 의견을 통해 미비한 점을 점검하고 다음 회 녹화를 준비합니다. 시청률이나 디지털 지수 등도 일종의 피드백이라고 볼 수 있는데 이를 통해서 전문 시청률 조사기관에서 행하는 시청률 분석표에는 분당 시청률이라고 해서 어떤 순간에 가장 높은 시청률을 나왔는지 알 수 있기 때문에 그런 수치들을 중심으로 구성 회의를 다시 하고 재미 포인트를 찾아냅니다.

tvN 시청률표 샘플

방송시간	tvN	20-49		가구	
		시청률	점유율	시청률	점유율
00:51-02:07	휴게소에서만나는인연자리있나요	0.28*	3.*	0.92*	4.*
02:24-03:27	월화드라마(크로스)	0.29*	6.*	0.37*	3.*
03:37-04:39	월화드라마(크로스)	0.11*	3.*	0.35*	4.*
04:40-05:53	글로벌심쿵로맨스사랑도통역이되나요	0.02*	1.*	0.08*	1.*
06:01-07:04	돌아이어티슈퍼TV	0.00*	0.*	0.08*	0.*
07:17-08:31	비밀의정원나도몰랐던나	0.15*	2.*	0.41*	1.*
08:53-10:10	휴게소에서만나는인연자리있나요	0.58*	5.*	1.51*	3.*
10:27-11:48	너의목소리가보여5	0.64*	3.*	1.27*	2.*
12:10-13:42	가라치코2호점윤식당	0.85*	5.*	2.42*	5.*
14:05-15:36	가라치코2호점윤식당	0.79*	5.*	3.02*	6.*
15:57-17:46	가라치코2호점윤식당	1.52*	9.*	3.33*	6.*
18:06-19:19	화유기	0.62*	3.*	1.19*	2.*
19:39-20:56	서울메이트글로벌홈셰어〈본〉	0.76*	3.*	1.38*	2.*
21:08-22:25	화유기〈본〉	2.85*	9.*	3.35*	4.*
22:40-23:43	tvN특선영화공조-1부〈본〉	1.71*	5.*	2.71*	4.*
23:57-25:01	tvN특선영화공조-2부〈본〉	2.26*	11.*	3.41*	7.*
25:17-25:59	화유기	0.90*	8.*	0.87*	3.*
전시간대(06:00-25:00)		0.96*	5.*	1.87*	3.*
오전(06:00-12:00)		0.34*	3.*	0.76*	2.*
낮(12:00-17:00)		0.86*	5.*	2.56*	5.*
오후(17:00-25:00)		1.49*	6.*	2.28*	3.*
핵심시간대(17:00-24:00)		1.38*	5.*	2.11*	3.*

No.	DUR	R.T.	녹화시간	내용 및 곡목		무대동선	등/퇴장
0	00:00	00:00	19:00:00				
0	10:00	10:00	19:10:00				
1	02:00	02:00	19:12:00	MC MENT#1 OPENING	MC 등장 및 OPENING 멘트	LED OPEN 등장	LED S/B → 메인무대 중앙 → 돌출 이동
	02:00	04:00	19:14:00		주제 발표		
	02:00	06:00	19:16:00		첫 번째 무대 리드 멘트		
2	05:00	11:00	19:21:00	< 무대 세팅 및 MC 비방 멘트 >		돌출 S/B	돌출 S/B → 돌출 상수 퇴장
3	01:00	07:00	19:17:00	김우경 등장 및 인사		LED OPEN 등장	LED S/B → 2층
4	05:25	12:25	19:22:25	Perf#1 클래식	김우경 (with 하은(딸)) < ♫ 시소타기 + Happy Things >	(김우경) 메인무대 벤치(하수) 앞 S/B (하은) LED OPEN 등장 (*벤치 착석 : 김우경(하) 하은(상)) (지휘 권태은) 하우스 스트링 앞 S/B	(김우경) 메인무대 벤치(하수) 앞 S/B (하은) LED S/B → 메인무대 벤치(하수) (*Happy Things 곡 바뀌면) → (둘 다) 돌출 이동 → 하수 퇴장
		12:25	19:22:25				
5	08:00	20:25	19:30:25	< 무대 세팅 및 MC 비방 멘트 >		돌출 S/B	돌출 상수 등장 → 메인무대 이동
6	02:00	22:25	19:32:25	MC MENT#2	전 무대 정리 및 다음 무대 리드 멘트	메인무대 S/B	메인무대 S/B → 메인무대 상수 퇴장
7	01:00	23:25	19:33:25	이승열 등장 및 인사		LED OPEN 등장	LED S/B → 메인무대
8	05:40	29:05	19:39:05	Perf#2 모던록	이승열 < ♫ 기다림 + 날아 >	(이승열) 돌출 S/B (피아노) 메인무대 하수 앞 N3 피아노 (코러스 & 기타) 메인무대 하수 앞 N3 피아노 열 (코러스-기타-N3 하수에서 메인순) (드럼-베이스) 메인무대 상수 앞 (메인에서 상수순으로)	→ ALL 하수 퇴장
		29:05	19:39:05				
9	10:00	39:05	19:49:05	< 무대 세팅 및 MC 비방 멘트 >		돌출 S/B	돌출 상수 등장
10	02:00	41:05	19:51:05	MC MENT#3	전 무대 정리 및 다음 무대 리드 멘트	돌출 S/B	돌출 S/B → 돌출 상수 퇴장

AUDIO	MIC	출연진 및 안무	악기	무대소품	특효	조명	중앙 LED	상하수 LED	상하수 가베	상하수 PGM
		사전 멘트 (솔로몬 관객 사전멘트 진행 → 신정수 국장 인사멘트 진행)								
현장 BG							로고패턴	로고	로고	PGM
	H/M 1						로고패턴	제 8장 가족	로고	PGM
							로고패턴	로고	로고	PGM
현장 BG	H/M 1						로고패턴	로고	로고	암전
현장 BG							로고패턴	로고	로고	PGM
LIVE	H/M 2	하은 (딸) // 지휘 권태은	하우스 밴드 5 (피아노/키보드/드럼/ 퍼커션/베이스) 하우스 스트링 11 하우스 혼섹션 4 콘트라베이스 플루트 오보에 클라리넷	분홍벤치 LED 볼 지휘자 단 & 보면대			하은 등장 시 (메인 LED 파티클 빛 모이는) + 놀이동산 유화 페인트 느낌	하은 등장 시 (메인 LED 파티클 빛 모이는) + 놀이동산 유화 페인트 느낌	하은 등장 시 (메인 LED 파티클 빛 모이는) + 놀이동산 유화 페인트 느낌	하은 등장 시 (메인 LED 파티클 빛 모이는) + 놀이동산 유화 페인트 느낌
현장 BG							로고패턴	로고	로고	PGM
	H/M 1						로고패턴	로고	로고	PGM
현장 BG							로고패턴	로고	로고	PGM
LIVE	1자 S/M 2 (가수/코러스) T자 S/M 1 (건반) in ear 3	코러스 1명 (남)	본인 밴드 4 (기타/베이스/드럼/건반) (★ N3 피아노 사용) 하우스 스트링 11	LED 바 4개 (메인무대 상하수 각각 2개씩)	바 키네틱 // 흰긴 꽃가루 (1에4)		위에서 떨어지는 파티클 덩어리 + 퍼지는 파티클 잔해	위에서 떨어지는 파티클 덩어리 + 퍼지는 파티클 잔해	위에서 떨어지는 파티클 덩어리 + 퍼지는 파티클 잔해	위에서 떨어지는 파티클 덩어리 + 퍼지는 파티클 잔해
현장 BG	H/M 1						로고패턴	로고	로고	PGM
	H/M 1						로고패턴	로고	로고	PGM

〈더 마스터〉 8회 녹화용 큐시트

제작된 프로그램은 어떻게 보급되나요

편 제작된 프로그램은 어떻게 보급되나요?

신 1990년대 중반까지는 MBC, KBS, SBS가 유통하고 재방송했죠. 그런데 90년대 중반에 케이블 TV가 생기고 그다음에 인터넷이 생기면서 TV 역할을 함께 했어요. 최근에는 IPTV와 핸드폰까지 생겼죠. 미디어 산업에서는 이를 플랫폼platform이라고 하는데 어떤 콘텐츠가 나갈 수 있는 채널이라고 생각하면 됩니다.

TV 역할을 할 수 있는 플랫폼이 많이 생기면서 유통 경로도 많아졌어요.

편 프로그램 수신료는 어떻게 책정되죠?

신 한 개의 프로그램이지만 TV, 케이블, 인터넷, IPTV 등 디바이스 별로 구분하여 수신료를 받아요.

KBS는 모든 국민이 수신료를 내는 시스템이고, 케이블 TV는 가입한 가구만 매달 시청료를 내요. 인터넷과 IPTV는 시청자가 본 프로그램에 대해 정산 작업을 거쳐서 프로그램 원 제작사에게 일정 금액의 저작권료가 지급됩니다. 저작권은

더욱 강화하는 추세예요. 콘텐츠를 유통하는 채널이 굉장히
많아지면서 광고에 의존하던 TV시장에서 콘텐츠 시장으로 산
업이 변화하고 있는 것 같아요.

프로그램은 어떻게 평가 받아요

편 프로그램은 어떻게 평가받아요? 시청률, 광고 등 여러 가지가 있을 것 같아요.

신 시청률 표가 성적표예요. 유일한 성적표는 아니고 여러 성적표 중에 하나라는 표현이 더 정확하겠네요. 시청률 표를 기반으로 광고가 붙기 때문에 가장 중요한 수능 성적표라고 볼 수 있죠.

요즘은 TV 시청률 표 하나만을 갖고 이야기하지 않아요. 핸드폰을 갖고 있는 사람들의 모바일 시청률표도 중요시하게 됐죠. 이런 것들을 정확히 측정할 수 있는 방법에 대해 사람들이 생각하기 시작했어요. 간접적으로 나오는 게 클릭수예요. 인터넷 클릭수가 있고 모바일 클릭수가 있는데 아직 정확한 측정은 안 되는 걸로 알고 있어요. 클릭수뿐만 아니라 관심도, 선호도, 화제성 등을 고려한 '디지털 지수'라는 것도 생겨나긴 했는데 아직까지는 시청률처럼 보편성을 검증받지는 못해요. 그러나 조만간에 디지털 지수와 시청률 등을 계량화하는 지표가 등장할 거라고 생각합니다.

그런 것 외에도 '프로그램을 잘 만들었다', 또는 '좋은 프로그램이다' 등의 시청자 반응이나 기사도 있죠. 기자들의 평가, 미디어 잡지 등의 평가도 중요한 역할을 한다고 생각해요. PD에게는 시청률만큼 중요한 게 작품성이에요. 작품성이 채널에 대한 충성도를 만들죠. 불륜 드라마 또는 막장 드라마의 시청률이 높게 나온다고 해서 사람들이 좋은 작품이라고 하진 않잖아요. 시청률이 생각만큼 나오진 않더라도 좋은 프로그램이라고 평가받는 작품들이 필요해요.

프로그램 수입과 지출이 궁금합니다

📧 프로그램 제작 비용, 방송 수익 등 수입과 지출이 궁금합니다.

📧 프로그램 제작 비용은 프로그램마다 다 달라요. 모든 프로그램은 다 제작비가 들어가요. 뉴스와 스포츠도 제작비가 있어요. 프로그램 제작비는 국민 소득과 비례해서 올라가요. 전 세계적으로 똑같아요. 제가 95년에 MBC 입사했을 때와 지금을 비교하면 편당 방송 제작비가 3배 이상 상승한 것 같아요. 그 당시에는 프로그램 하나 만들 때 3천만 원 정도 들어갔는데, 지금은 1억 원 정도 들어가요. 아주 많이 오른 거죠.

최근에는 예능 프로그램의 경우 회당 5천만 원에서 2억 원 정도까지 제작비로 들어가요.

📧 제작비가 제일 많이 들어가는 프로그램은 어떤 거예요?

📧 예능의 경우 오디션 프로그램에 가장 많은 제작비가 들어요. 토크쇼가 가장 적게 들어가죠. 제 생각에는 대부분의 공중파 프로그램들이 회당 1억 원에서 2억 원 정도의 제작비를 사용하는 것 같아요.

편. 그럼 수입은요?

신. 방송 수입은 대부분 광고 수입이에요. 시청률이 높은 프로그램은 광고가 완판 되죠. 제작 비용보다 더 많은 수입이 들어오는데, 시청률이 낮아서 광고가 완판이 안 될 경우에는 당연히 손해나는 경우도 있어요. 하지만 콘텐츠를 인터넷이나 모바일로 팔거나 재방송을 하거나 외국에 판매하는 식으로 해서 다양한 종류의 수입을 창출합니다. 물론 그 액수가 방송 광고 수입만큼 크진 않아요. 이런 광고 수입 외에 최근에는 콘텐츠 자체의 판매 수익이 점차 생겨나고 있는 추세예요.

가령 〈무한도전〉의 경우 레전드 시리즈만 모아도 판매가 가능한 콘텐츠거든요. 이런 프로그램의 경우 광고가 따로 붙지 않아도 시청자들이 프로그램 구입비를 내고 보죠. 그걸 제일 먼저 세계적으로 상업화 시킨 게 넷플릭스Netflix예요.

광고 완판이라는 게 무슨 말이죠

편 광고 완판이라는 게 무슨 말이죠?

신 우리나라는 광고 단가가 정해져 있는 나라 중 하나에요. 미국은 광고 단가가 정해져 있지 않고 무제한 경쟁을 붙여요. 예를 들어 단가가 제일 비싼 프로그램인 슈퍼볼 결승전 광고는 무조건 제일 큰 금액을 부르는 기업의 광고가 붙죠. 상상을 초월하는 액수예요. 우리나라는 가장 인기 있는 프로그램의 경우 15초 광고 단가 최고 3천만 원, 4천만 원 이런 식으로 정해져 있어요. 사실 우리나라 경제 규모에 비해서 아주 적은 금액이죠. 이렇게 광고 단가가 정해져 있고, 프로그램 시간의 10%까지 광고를 판매할 수 있어요. 즉 방송 시간이 70분인 프로그램이라면 광고를 7분까지 판매하죠. 광고 편당 시간이 평균 15초, 총 7분 동안 내보낼 수 있다면 28개의 광고를 팔 수 있는 거예요. 광고 단가를 3천만 원으로 본다면 광고가 완판 될 경우 프로그램 당 광고수입이 8억 원~9억 원 정도 되는 거예요. 어떤 예능 프로그램을 하나 만드는데 간접비까지 총 4억 원 정도 들어갔다면 방송사에는 3억 원 정도의 이익이 발생하는 거죠. 그게 방송사 수입이고요. 바로 이걸 완판이라고 해요.

편 완판이 안 되는 경우도 많죠?

신 방송사에서 만든 건 무조건 완판이었던 시절도 있어요. 제가 입사했던 1995년부터 1997년까지는 모든 프로그램의 광고가 완판이더라고요. 그런데 IMF를 겪고 나서 다 바뀌었어요. 방송사가 많아지고 케이블 TV가 생기면서 채널과 프로그램이 워낙 많아졌고 경쟁도 치열해졌어요.

드라마는 회당 제작비가 거의 3억 원 정도 되거든요. 그런데 광고가 2~3개밖에 안 팔린 경우도 많아요. 엄청나게 손해를 본 거죠. 완판은커녕 광고가 하나도 안 팔리는 경우도 있어요. 뉴스 프로그램이 시청률이 안 나오거나 교양 프로그램 같은 경우에는 손해를 보는 거죠. 그래서 인기 예능, 드라마로 돈을 벌어서 교양, 시사 프로그램을 보충해주는 시스템이에요.

예전에는 광고 수입에 100% 의존했다면 요즘엔 그 의존도가 점점 줄어들고 콘텐츠 판매액이 늘어나는 추세예요. 한 예능 프로그램을 보면 콘텐츠 판매만 늘어나는 게 아니라 캐릭터 상품과 달력까지 출시돼서 큰 인기를 끌었어요. 방송 콘텐츠가 얼마나 확장될 수 있는지 보여주는 하나의 예라고 생각해요.

한 가지 더! 대한민국 예능 프로그램 콘텐츠들이 외국 특히 중국이나 동남아 국가로 많이 판매돼요. 경쟁력이 있죠. 프로그램의 형식만 팔거나 또는 프로그램 전체를 팔기도 하는데 그 수입이 점점 커지는 것 같아요.

편 방송사에서는 광고주가 중요한 고객이죠?

신 방송 콘텐츠는 광고주들과 밀접한 관련이 있어요. 광고주가 제일 좋아하는 세대는 1534 즉 15세부터 34세 연령대의 사람들이죠. 구매력이 가장 왕성한 세대래요. 2049로 보는 사람들도 있고요. 광고주는 그 사람들이 제일 많이 보는 프로그램 앞에 광고를 넣으려고 해요. 이제 TV는 올드 미디어라고 해서 나이가 많은 사람들이 보는 매체가 되었어요. 젊은 사람들은 핸드폰을 좋아해요. 디지털 지수, 화제성 지수는 아무래도 모바일이 강세인 것 같아요. 광고시장도 굉장히 빠른 속도로 커지고 있고요. 이렇게 미디어 환경이 급변하다 보니 광고주들도 그들의 마케팅 전략에 따라 매체를 선택하는데 나이 든 사람들을 타깃으로 하는 상품을 개발할 경우 TV라는 매체를 선호하고 젊은 사람들을 대상으로 할 경우 모바일을 선호하는 경향이 나타납니다.

서로 다른 의견들을 어떻게 하나로 모으나요

편 굉장히 많은 사람들이 하는 공동 작업인데, 서로 다른 의견들을 어떻게 하나로 모으나요?

신 이게 PD의 가장 중요한 업무 중 하나죠. PD가 자신의 의견을 내는 것도 중요하지만 여러 사람의 의견을 다 듣고 그런 의견들을 조율한 다음에 결정하는 중요한 자리거든요. PD가 직접 아이디어를 내기도 하지만 다른 사람의 아이디어 중에서 좋은 걸 채택하기도 해요. 작가나 조연출이 좋은 아이디어를 내면 그걸 잘 채택하는 것도 PD의 중요한 능력이라고 생각해요.

그러려면 타인의 이야기에 귀를 기울이는 넓은 마음이 필요해요. 자기 고집을 버리고, 많은 의견이 나올 때에는 계급장을 떼고 듣는 태도가 중요하죠. 모든 사람이 끊임없이 얘기할 수 있는 편안한 분위기를 만들어줘야 해요.

대신 한 번 결정한 건 돌아보지 말고 집중해서 추진해야죠. 결정한 걸 자꾸 되돌리면 프로그램 진행이 잘 안 되더라고요. 캐스팅, 프로그램 성격, 아이디어, 아이템이 결정되기 전까지는 되게 많은 시간을 들여서라도 이야기를 하고, 결정되면 밀고 나가는 힘이 PD에게 필요합니다. 물론 돌발 상황이 많이 발생해요. 그럴 땐 옆에 있는 사람들의 의견을 듣고 최선의 방법을 찾아야 합니다.

편 무언가를 결정할 때에는 다수결로 하나요?

신 항상 그렇진 결정하진 않아요. TV 프로그램은 처음의 기획의도와 그것을 향해 얼마나 집중하느냐가 제일 중요해요. 다양한 의견을 많이 듣지만 결정은 PD와 그 위의 책임자가 하는 시스템이에요. 그런 중요한 결정을 해야 하는 자리이기 때문에 PD가 되는 데에는 6~7년의 훈련이 필요해요.

최근에 어떤 결정이 가장 힘들었나요

편 선생님은 최근에 어떤 결정이 가장 힘들었나요?

신 〈더 마스터-음악의 공존〉을 할 때였어요. 6명의 작가들을 모아놓고 말했어요.

"클래식, 국악, 재즈, 대중가요, 뮤지컬의 장르를 모아놓은 음악 프로그램을 하고 싶습니다."
그랬더니
"클래식과 국악, 재즈는 사람들이 안 볼 거예요. 채널을 돌릴 겁니다. 대중가요로만 하면 좋겠습니다."
라는 의견이 다수였죠. 저는 사람들에게 이야기했어요.
"대중가요로만 한다면 〈나는 가수다〉와 차이가 없겠죠. 이런 음악에 대한 시청자들의 궁금증이 분명히 있을 것 같고, 클래식이나 국악에 대해 다르게 보게 될 겁니다."

작가들은 대중가수가 모든 대결에서 이길 거라고 했어요. 만약 정말 해야 된다면 클래식이라 국악을 하는 사람도 무대에서 대중가요를 불러야 된다고 했죠. 저는 계속 반대했고요.

음악마다 발성법이 다르기 때문에 각 장르 고유의 맛을 보여 줄 수 없을 것 같았어요. 결국 아무것도 아닌 프로그램이 될 거라고 생각했죠.

이렇게 많은 사람들이 반대를 했지만 이 프로그램의 기획 의도는 여러 음악 장르를 한 무대에서 보여주는 거였죠. 설사 실패하더라도 우리가 분명한 명분을 갖고 있다면 시청자들은 알아줄 거라고 작가들을 설득했어요.

[편] 결과는 어땠어요?

[신] 시청률이 좋진 않았어요. 그러나 시청률 하나가 그 프로 그램의 가치를 평가한다고 생각하진 않아요. 클래식과 국악에 대해서 잘 알게 되었다는 의견, M.net 채널을 다시 보게 되었 다는 의견 등 좋은 평가도 많았죠. PD가 시청률만 중요하게 생각한다면 대중이 원하는 프로그램밖에 할 수 없어요. 그렇 게 되면 대중문화는 항상 제자리에 머무르겠죠. 쳇바퀴 도는 것처럼 그렇게 되면 안 된다고 생각해요.

연예인을 자주 만나서 좋은 점, 나쁜 점을 들려주세요

편 PD는 연예인을 많이 만나는 직업이잖아요. 좋은 점, 나쁜 점을 들려주세요.

신 자주 만나서 좋은 점은 프로그램 할 때 이 친구들의 장점과 단점을 알아서 프로그램에 활용할 수 있다는 거죠. 어떤 독특한 재미를 만드는 게 큰 도움이 돼요. 제가 리쌍의 길과 DJ DOC의 이하늘을 사석에서 만나 친해졌는데 둘 다 너무 재미있는 거예요. 〈놀러와〉를 할 때 캐스팅했는데, 프로그램도 정말 재미있게 잘 나왔죠. 친해져서 캐스팅했는데 프로그램까지 잘 됐던 경우죠. 서로 친분이 있으면 캐릭터를 잘 알기 때문에 그림이 잘 그려져요. 분명 프로그램에 도움이 되죠.

연예인과 가까워서 나쁜 점은 이중적인 면을 발견할 때에요. 인간적으로 실망할 때가 있죠. 어느 분야나 그렇지만 특히, 얼굴이 노출되는 연예계는 보이는 것과는 달리 인간적으로 덜 성숙한 친구들도 있어요. 그런 사람들을 만나면 좀 아쉽죠.

PD가 연예인을 캐스팅하는 과정이 궁금해요

편 PD가 연예인을 캐스팅하는 과정이 궁금해요.

신 저는 제 프로그램에 누구를 캐스팅하고 싶으면 A라는 프로그램에 제일 어울리는 연예인이 누구일지 작가들과 논의해서 캐스팅 후보를 만들어요. 나랑 친분이 없더라도 이 사람이 맞겠다는 확신이 들면 그 사람을 무조건 만나죠.

편 기획사를 먼저 통하나요?

신 기획사를 통해 만나기도 하지만 보통은 기획사에 먼저 의사 타진을 하고 연예인을 꼭 직접 만납니다. 연출자로서 내가 이런 프로그램을 만들려고 한다는 연출 의도를 설명하고 같이 프로그램을 하고 싶다고 이야기해요.

아직까지 한국 사회는 직접 만나서 얘기하는 게 제일 설득력이 있고, 연예인들도 연출가가 직접 와서 얘기해주는 걸 제일 신뢰하는 문화인 것 같아요.

편 나와 가까운 연예인부터 찾게 되지는 않나요?

신 꼭 주위에 있는 사람을 놓고 생각하지는 않아요. 프로그램 성격에 따라서 달라지고 PD들은 예능 프로그램에 안 나왔던 새로운 얼굴을 본능적으로 찾아다녀요.

편 예능 프로그램에 새로운 인물이 많이 들어왔나요?

신 나영석 PD의 프로그램을 생각해 보세요. 새로운 인물이 정말 많이 들어왔어요. 가령 〈꽃보다 할배〉의 할아버지들, 배우 윤여정 씨, 이서진 씨도 예능에 처음 나왔고 좋은 반응을 얻었죠. 좋은 PD는 새로운 얼굴을 좋은 프로그램과 함께 시청자 앞에 데려오는 사람인 것 같아요. 나영석 PD는 그런 면에서 정말 위대하죠.

저도 새로운 프로그램을 만들 때마다 새로운 얼굴을 발굴해야 한다는 생각을 갖고 있어요. 〈더 마스터−음악의 공존〉은 클래식과 국악이 워낙 생소한 분야이기 때문에 새로운 얼굴이 나왔다고 생각하는 사람들도 있어요. 그렇지만 예능 버라이어티를 하려면 새로운 분야의 사람들을 또 데려와야죠. 체육계 스타도 예능에 많이 들어오잖아요.

편 웃음 코드가 다양해지는 것 같아요. 다양한 분야의 새로운 얼굴이 필요하다는 생각이 듭니다.

신 다양한 웃음 코드가 존재한다는 건 사회가 건강하다는 증거라고 생각해요. 웃음이 많은 사회가 복지 사회라는 게 어쭙잖은 예능 PD의 생각입니다.(웃음)

PD는 갑, 을, 병, 정 중에 '갑'인가요

편 PD는 갑, 을, 병, 정 중에 '갑'인가요?

신 갑이에요. 물론 캐스팅하기 정말 어려운 슈퍼 갑 연예인을 만날 때에는 을이 될 때도 있고요. 저는 갑, 을, 병, 정 이런 권력관계보다는 PD가 모두를 파트너로 생각하는 게 제일 중요한 것 같아요. 스태프, 연기자, 광고주 모두를 파트너라고 생각해서 일을 해야 좋은 프로그램이 나온다고 생각해요. 자기가 위에 있다고 군림하는 순간 그 프로그램은 망하는 지름길에 들어간 거죠. 모든 사람들을 같은 목적을 향해 함께 달려가는 동료들이라고 생각해야 돼요.

가장 행복하다고 느낄 때가 언제인가요

편 예능 PD로서 가장 행복하다고 느낄 때가 언제인가요?

신 저희 어머니, 아버지께서 프로그램 잘 봤다고 전화 주셨을 때에요. 70세가 넘은 고령이셔서 TV 예능 프로그램을 잘 안 보시거든요. 그런데 〈나는 가수다〉, 〈쎄시봉〉 할 때는 저희 부모님도 보시고 좋아하셨죠. 저는 어머니, 아버지가 좋아할 만한 프로그램을 만드는 건 쉽지 않다고 생각했거든요. 두 분이 보시고 재미있다고 해주시니까 '내가 정말로 국민 모두가 좋아하는 프로그램을 만들고 있구나.'라는 생각이 들었어요.

편 부모님께서 정확히 뭐라고 하시던가요?

신 "내가 볼 수 있는 프로그램을 만들어 줘서 좋구나."라고 하셨어요. 내가 예능 PD를 해서 기쁘고 가장 큰 보람을 느꼈던 순간이었죠. 사실 그전에 〈게릴라 콘서트〉라는 프로그램을 했는데 큰 반응을 얻었지만 부모님께서는 내용을 이해하기 힘들어하셨어요.

예능 PD의 직업병이 있나요

편 예능 PD의 직업병이 있나요?

신 저는 '웃겨야 한다'는 강박관념이 있어요. 2초 이상 지루하면 안 된다는 생각을 늘 해요. '자막이나 효과음을 넣어서라도 2초 동안 버텨야지, 무의미한 화면이 2초 이상 가면 안 된다'는 강박관념이 있어요.

또 하나는 젊게 살아가려고 노력하다 보니까 젊은 사람들의 유행을 일부러 공부하고 따라 하죠. 줄임말이나 이모티콘도 공부해요. 이런 게 직업병 같아요.

AD 시절에는 술을 좀 많이 마시고, 잠을 잘 못 자니까 건강이 안 좋았어요. AD 시절이 지나면 자기 시간을 조절할 수 있으니까 좋아져요.

스트레스, 어떻게 해소하나요

편 스트레스, 어떻게 해소하나요?

신 저 같은 경우에는 잠을 많이 자요. 음악 듣는 것도 좋아해요. LP 음악이 나오는 카페에 가서 음악을 크게 들어요. 스포츠 경기 보면서 스트레스 해소할 때도 있고요.

편 다른 PD 분들은 어떠세요?

신 게임하는 친구들이 많아요. 특히 젊은 친구들은요. 골프를 좋아하는 친구들도 많아요. 저는 등산을 많이 다녀요. 하늘 보는 걸 좋아해서 비박도 하죠.

이 직업을 묘사한 작품이 있을까요

편 이 직업을 묘사한 드라마, 영화, 소설, 뮤지컬 등이 있을까요?

신 예능 PD의 모습을 가장 많이 묘사한 드라마는 2015년에 KBS에서 방송했던 〈프로듀사〉입니다. 김수현, 차태현, 아이유, 공효진 등이 나왔는데 실제로 KBS가 무대였어요 〈1박 2일〉이 소재로 쓰였으니 예능 PD의 모습을 가장 적나라하게 보여줍니다. 예능 PD는 아니지만 시사 교양 PD들의 모습을 잘 보여주었던 영화는 2014년에 개봉했던 〈제보자〉입니다. 이 영화는 2005년에 있었던 '황우석 사건'을 실제로 다루었던 MBC 〈PD수첩〉 팀의 이야기를 다루었어요. 방송 PD 직업의 모습을 잘 보여주는 작품들입니다.

PD가 되고 나서 그 다음 승진이 있나요

편 PD가 되고 나서 그다음 승진이 있나요?

신 PD가 승진해서 사장까지 되는 경우가 있어요. 저도 국장이지만, 국장 다음에 본부장, 상무, 사장까지 되는 게 조직 내 승진이죠. 국장 이후부터는 현업에서 물러나 관리만 하는 일이고요. PD로서는 국장이 마지막이라고 보면 돼요.

편 PD를 계속하고 싶은 사람은 국장까지만 승진해야겠네요?

신 어떤 PD는 승진에 관심을 안 두고 현업 PD로 계속 있고 싶어 해요. 자기가 하고 싶은 프로그램을 계속할 수 있고, 성과가 날 경우 수입도 훨씬 더 많으니까요.

예능 PD의 일과를 알려 주세요

편 예능 PD의 일과를 알려 주세요.

신 프로그램을 하게 되면 일과 대부분은 회의예요. 일과 중에 회의가 제일 많고 그다음이 편집, 녹화 순서일 것 같아요.

편집하기 전에는 이 편집을 어떻게 할 건지 회의하죠. 편집한 걸 보면서 또 회의를 해요. 이 편집을 어떻게 바꿀지 의논하고요. 외부인들이 상상하기 힘들 정도로 방송사는 회의가 많아요. 연예인을 캐스팅하기 전에도 회의를 해요. 작가들과 모여서 누가 좋을지 자료 조사를 한 걸 가지고 몇 번씩 의견을 나눠요. 모든 건 회의를 통해서 결정이 되죠. 구성 회의도 마찬가지고요.

많은 사람들 만나는 것도 PD는 하는 일 중에 하나예요. 그리고 어떤 갈등이 생기면 갈등을 조정하고, 문제를 계속 해결하는 것도 PD 일과 중에 중요한 업무죠.

편 그럼 프로그램이 끝나면 일과가 바뀌나요?

신 프로그램에 대한 전체적인 모니터 회의를 해요. 리뷰 ^{review} 회의라고 하죠. 프로그램의 성적표를 뽑아요. 수입과 지출 표도 뽑고요. 얼마를 벌었고 얼마를 지출했는지, 그래서 플러스, 마이너스 얼마인지. 시청률은 어떠했고, 구체적인 평가는 어땠는지 회의를 해요. 그런 것들과 별개로 프로그램에 대한 진솔한 생각을 나누기도 하고요.

저는 지금 국장이기 때문에 다음 프로그램 들어가기 전까지 여러 행정 업무를 해요. 동시에 다음 프로그램은 뭐 할지 아이디어를 떠올리죠.

'요즘 유행하는 건 뭘까? 다음에는 뭐가 유행할까?'

여러 가지 유행을 찾아보고 자료를 틈틈이 모아요.

근무 시간은 어떻게 되나요

편 근무 시간은 어떻게 되나요?

신 어느 방송사든 PD는 자율 출퇴근제를 시행해요. 자기 일에 맞춰서 알아서 출퇴근을 하는 제도죠. AD 시절에는 출퇴근이 없이 계속 일을 하는데, PD가 되면 자기 마음대로 시간을 조정할 수 있어요. 그게 이 일의 장점 중 하나에요. AD 시절에는 PD가 나오라고 하면 나와야 하고, "몇 시까지 뭐 해놔", "편집 뭐 해놔" 그러면 다 맞춰야 해요. 자기 시간이 PD에게 종속돼 있어요. PD가 되면 그런 종속이 없어져요. 방송 시간만 맞추면 되죠.

회의 시간도 자기가 조절할 수 있어요. 하루 평균 8시간을 노동한다면 오후 2시부터 밤 10시까지 해도 되고, 오전 10시부터 밤 7시까지 해도 돼요. 그런데 출연자 때문에 새벽 3시에 녹화를 하는 경우도 많아요. 가령, A라는 출연자가 내 프로그램에 제일 적격인데 가능한 시간이 새벽 3시라면 대부분의 PD는 어떻게 해서든 그 시간에 맞춰서 녹화를 해요. 시청자들은 그 녹화가 몇 시에 이루어졌는지 알 수 없으니까요. 근무 시간은 자유로운 편이지만 프로 의식이 많이 필요합니다.

정년과 노후대책은 어떻게 되죠

편 정년과 노후대책은 어떻게 되죠?

신 제가 정년과 노후 대책을 많이 생각해 본 적은 없는데 이제 해야 할 시기가 오는 것 같아요. 정년은 노동법에 정해진 대로 만 60세로 맞춰져 있어요. 이 일은 60세 이후까지 할 수 있다는 생각이 들어요. 주변의 선배들을 보면 60세 이후에도 프로그램을 제작하거든요. 물론 그 나이에도 좋은 프로그램을 만들 수 있는 능력이 필요한 거겠죠. 좋은 아이디어와 결과물을 만든다면 아마 70세가 되어도 그 PD를 찾는 방송 시장이 있을 겁니다.

편 정년퇴직하신 다른 분들은 어떤 일을 하시나요?

신 대부분 방송 관련 일을 하세요. 방송위원회 자문, 외주 프로덕션 자문 등의 일이죠.

다른 분야로 진출할 수 있나요

편 예능 PD 하다가 다른 분야로 진출할 수 있나요?

신 요즘은 중국으로 진출해서 콘텐츠 제작하는 일을 많이 해요. 새로운 미디어 환경으로 바뀌면서 넷플릭스나 인터넷 관련 매체로도 많이 이동하고요. 또 대기업에서 마케팅 관련해서 예능 PD를 채용하는 경우도 있어요. 선거철에는 마케팅이 중요하잖아요. 예능 PD를 후보 마케팅 및 이미지 창출을 위해 채용하더라고요. 어떤 사람의 이미지를 어떻게 만들 건지 홍보 전략을 짤 때 예능 PD가 큰 도움이 될 수 있죠.

중국 사람들이
우리나라 예능을
왜 좋아할까요

한국 예능 프로그램에는 진정성이 있어요.
아무리 인기 많은 연예인이라도
최선을 다할 수밖에 없는 구조를 만들어 놓았죠.
〈프로듀서 101〉는 연습생들이 최선을 다 하고,
〈나는 가수다〉는 나라를 대표하는 가수들이
경연에 최선을 다하잖아요.
중국 사람들은 재미와 깊은 진정성이 있는 프로그램을
좋아하는 것 같아요.

우리나라 예능 프로그램의 경쟁력은 어떤가요

편 우리나라 예능 프로그램의 경쟁력은 어떤가요?

신 자랑 같지만 전 세계에서 경쟁력이 제일 높다고 생각해요. 외국의 방송 전문가들이 우리나라 예능 프로그램이 현재 어떻게 돌아가고 있는지 확인하러 와요. 우리나라 시청자가 일종의 시험대라고 할까요? 아무튼 예능 프로그램이 가장 많이 발전한 곳이 우리나라입니다.

편 아까 시험대라고 하셨는데요, 그러기에는 우리나라 인구가 너무 적지 않나요?

신 5천만 명이면 적은 편이죠. 일본이 1억 2천만 명이고 미국이 3억 명, EU가 5억 명 좀 안되니까요. 적은 인구 수에 비해 예능 프로그램 수는 엄청 많은 편입니다. 채널 수도 많은 편이고요. 경제력이 비슷한 외국과 비교해보면 미디어 산업이 기형적으로 발달했다는 생각이 들기도 해요.

우리나라 시청자를 시험대로 삼는 이유는 통신환경이 가장 발달한 나라여서 유행 트렌드가 급변하기 때문이죠. 아이돌의 인기 수명도 다른 나라의 가수들보다 훨씬 짧아요. 미국은 한 아티스트가 히트곡 하나로 평생 먹고사는 시스템인데 우리나라는 스타를 계속 만들어 내는 시스템이죠.

우리나라 예능 프로그램의 가장 큰 특징은 연예인이 나와서 정말 미친 듯이 열심히 하는 거예요. 미국은 연예인이 나오는 예능 프로그램이 거의 없어졌어요. 미국은 연예인들의 출연료를 감당 못하기 때문에 일반인이 나와요. 미국에서 〈나는 가수다〉 같은 프로그램은 절대 불가능해요. 그 사람들의 출연료를 맞춰줄 수 없거든요. 그런데 우리나라 방송사는 그 정도는 맞춰줄 수 있는 수준이죠.

편 미국이나 유럽은 연예인들이 TV에 안 나와도 그 일을 계속하는 게 가능한가요? TV에 나오는 게 연예인에게 가장 중요한 일 아니에요?

신 문화 차이가 있는 것 같아요. 아시아 문화권은 연예인과 일반인의 친밀도가 높아요. 아시아 문화권은 'TV 연예/문화' 시장에 들어가야 연예인도 먹고 살 수 있어요. 그런데 미국과 유럽은 가수들이 노래만 불러도 충분히 먹고 살 수 있는 라이브 시장이 형성돼 있어요. 방송에 안 나와도 라이브 공연을 통해서 인정받을 수 있기 때문에 방송에 나와서 굳이 웃기지 않아도 되죠.

그런데 한국, 일본, 중국은 유럽, 미국과 달라요. 연예인이 방송을 통해서 인지도를 높여야 음원을 팔고, 광고를 찍고 행사도 할 수 있어요.

편 공연 시장이 작다는 건 사람들이 공연장을 많이 안 간다는 이야기네요.

신 공연장 많이 가시나요?

편 아니요.(웃음)

신 그렇기 때문에 연예인이 TV에 나와서 자신의 몸값을 올리고 출연료를 받고 광고를 찍어요. 유럽이나 미국은 연예인들이 나오는 광고가 거의 없어요.

그런데 아시아는 공연 시장의 특성과 연예인들이 원하는 게 서로 맞아떨어지죠.

편 당연히 미국이나 유럽보다 우리나라 예능 프로그램이 더 재미있겠어요. 끼 많은 연예인들이 나와서 활약하니까요.

신 맞아요. 일반인이 나오는 미국과 유럽의 예능 프로그램이 더 사실적이기 때문에 고급이라고 생각하는 사람들도 있긴 해요. 그런데 제가 볼 때 연예인처럼 끼 있는 사람과 일반인은 달라요. 연예인들이 나와서 활약하는 한국 예능 프로그램이 분명히 더 재밌어요. 그래서 우리나라 예능프로그램이 세계적으로 인기가 많고, 수출을 하죠.

편 예능 프로그램의 시장이 굉장히 크겠어요.

신 서양을 상징하는 미국의 대중문화는 할리우드Hollywood라는 문화 시장에서 탄생한다고 생각해요. 거기에서 가장 많은 콘텐츠가 생산되니까요. 미국 말고 그런 콘텐츠를 생산하고 소비할 수 있는 곳이 어디일까요? 저는 아시아 특히 중국을 중심으로 하는 문화시장이라고 생각해요. 사실 이 시장이 규모로만 따지면 제일 커요. 동북아시아, 동남아시아 인구를 합하면 대략 25억 명으로 추산하거든요. 그런데, 지난 10년간 25억 명의 아시아 시장에서 가장 인기 있는 콘텐츠가 바로 한류라고 불리는 K-culture였어요.

일본과 중국, 동남아시아 전역에서 짧게 끝날 줄 알았던 K-POP 및 드라마의 인기가 10년 이상 지속되고 있죠. 우리나라 예능 프로그램이 세계적으로 인기를 끌기 때문에 중국 자본도 우리나라에 계속 들어오려고 해요. 한국의 방송 콘텐츠가 아시아 문화시장의 열쇠를 쥐고 있다고 판단한 거죠.

외국에서 제일 먼저 따라한 프로그램은 뭔가요

편 외국에서 제일 먼저 따라 한 우리나라 프로그램은 뭔가요?

신 MBC에서 만들었던 〈우리 결혼했어요〉라는 프로그램이 있어요. 세계적으로 수출한 리얼 버라이어티 프로그램이에요. 저는 포맷의 승리라고 생각해요.

외국에서 만든 〈브리티시 갓 탤런트〉, 〈서바이벌〉은 제작비가 아주 많이 들어가는 대형 프로그램이에요. 우리나라 PD들이 그걸 보면서 '우리나라는 어떤 걸 하는 게 좋을까?', '제작비가 적게 들면서 재미있게 만들 수 있는 게 뭘까?'를 고민했죠. 그래서 만든 게 〈우리 결혼했어요〉에요. 연예인들을 데리고 가상 결혼을 시키는 내용이었죠. 나중에는 세계적으로 이 포맷을 수출했어요. 적은 제작비로도 만들 수 있는 포맷이니까요.

편 맞아요. 연예인만 섭외하면 되잖아요. 결혼 생활이라는 건 거의 비슷하니까요. 멋진 아이디어네요.

우리나라 예능을 좋아하는 이유가 뭐죠

편 중국 사람들이 우리나라 예능을 좋아하는 이유가 뭐죠?

신 제가 중국 전문가가 아니어서 정답을 말씀드릴 순 없어요. 제 개인적인 생각은 웃음 코드와 기본 정서가 우리와 잘 맞는 것 같아요. 한국 예능 프로그램에는 진정성이 있어요. 연예인들이 나와서 되게 열심히 뛰거나 어떤 미션을 성실히 수행하죠. 아무리 인기 많은 연예인이라도 대충대충 하는 게 아니라 최선을 다할 수밖에 없는 구조를 만들어 놓았잖아요.

〈프로듀서 101〉도 연습생들이 최선을 다 하는 모습이 진정성 있게 다가와요. 〈나는 가수다〉도 나라를 대표하는 가수들이 경연에 최선을 다하잖아요. 이게 바로 서바이벌 리얼리티라는 장르예요.

우리나라도 과거에는 색안경을 끼고 연예인들을 봤어요.

'어떤 가식이나 허위가 있겠지.'

그런데 언제부턴가 TV 속에서 그런 가식이 사라지기 시작했어요. 정말 리얼한 모습에 TV를 떠났던 시청자들이 다시 모이기 시작했죠. 아주 재미있는 통계 중 하나가 전 세계적으로 국민 소득이 올라갈수록 TV의 시청률은 떨어져요. 우리나라는 모바일이 나오기 전까지 TV 시청률이 유지 또는 완만한 하향세가 나타났어요. 그런데 〈무한도전〉, 〈1박 2일〉등의 리얼버라이어티 예능이 나타나면서 TV 시청률이 다시 오르기 시작했어요. 그 프로그램에서 처음으로 연예인들의 민낯이나 잠에서 바로 일어난 모습 등이 공개됐죠. 김태호 PD가 그걸 의도했는지는 모르겠지만 한국 예능 프로그램의 성격이 완전히 달라지기 시작했어요. 리얼리티가 더해지면서 웃음과 진정성을 갖춘 예능 프로그램이 된 거죠. 중국 사람들은 재미에 깊이 있는 진정성이 더해지는 한국 예능 프로그램을 좋아하는 것 같아요. 중국 예능 프로그램도 이런 경향으로 변화하겠죠. 왜냐하면 시청자들이 그런 모습을 좋아하거든요. '연예인도 나와 똑같은 사람이었네.' 라는 공감포인트를 잡은 거죠.

편 〈나는 가수다〉가 중국에서 대성공한 우리나라 첫 예능이죠?

신 〈나는 가수다〉가 제일 먼저 성공했고, 그다음이 〈아빠! 어디가?〉, 〈런닝맨〉, 〈우리 결혼했어요〉, 〈정글의 법칙〉 순서

예요. 〈프로듀서 101〉, 〈쇼미더머니〉도 중국 시장에서 성공했
어요.

예전에는 일본 프로그램을 베끼지 않았나요

편 우리나라도 예전에는 일본 프로그램을 베끼지 않았나요?

신 제가 95년에 MBC 입사했을 때만 해도 일본 프로그램을 많이 베꼈어요. 선배들이 부산에 가서 일본 TV를 보면서 방송을 복사해왔죠. 사람들이 일본 프로그램을 모르니까 베껴도 아무도 몰랐어요. 그런데 인터넷이 보급되면서 사람들이 표절이라는 걸 알게 되니까 더 이상 베낄 수 없었죠. 표절 논란이 일어나니까 2000년대 초반부터 한국 예능 PD들이 프로그램을 개발하기 시작했고, 그때 〈무한도전〉이 탄생했어요. 정말 재미있는 프로그램들을 많이 만들었어요. 일본 프로그램을 안 베끼면서 스스로 경쟁력을 갖추어갔죠. 〈1박 2일〉, 〈무한도전〉, 〈우리 결혼했어요〉, 〈느낌표〉, 〈칭찬합시다〉 등이 다 그 시기에 태어난 작품들이에요.

우리 예능이 다른 나라 예능보다 훨씬 재미있나요

편 우리나라 예능 프로그램을 다른 나라와 비교했을 때 훨씬 재미있나요?

신 제가 세계 각국의 예능 프로그램을 많이 보는데, 객관적으로 한국 예능이 제일 재밌어요. 미국 예능은 아주 큰돈을 걸고 다양한 미션을 벌이면서 시청자에게 큰 긴장감을 줘요. 그들은 자막도 별로 안 쓰고 고품격의 퀴즈 프로그램을 진행해요. 소소한 재미나 연예인들이 나를 즐겁게 해주는 그런 재미는 없어요.

그런데 동북아시아, 동남아시아는 연예인들이 나오는 프로그램을 좋아하고 그걸 제일 잘 만드는 두 나라가 한국과 일본이에요. 그런데 일본 예능은 너무 선정적이거든요. 한국 예능은 가족이 모여서 볼 수 있을 정도로 내용도 건전하고 아이디어도 기발해요. 그래서 중국 사람들이 너무 좋아하고 그만큼 광고주들이 선호해요. 그에 반해 일본 예능은 자극적이어서 온 가족이 함께 시청하기에 적합하지 않은 경우가 많아요. 그리고 일본은 방송 심의가 한국보다 덜 엄격해서 아무래도 자극적인 쪽으로 흘러가는 것 같아요.

표절에 대해서 어떻게 대응하나요

[편] 중국에서 표절도 많이 하죠? 한국 예능은 표절에 대해서 어떻게 대응하나요?

[신] 〈나는 가수다〉, 〈런닝맨〉의 경우 중국 방송사가 처음 5년 동안은 포맷 사용료를 지불했어요. 〈나는 가수다〉의 경우 중국의 '후난 TV'에서 방송했는데 1년에 10억 원을 지불했죠.

〈런닝맨〉의 경우 '저장 TV'에서 1년에 50억 원을 지불하는 걸로 계약했던 것 같아요. 그런데 계약기간이 끝나면 사용료를 더 이상 지불하지 않고, 형식만 조금 바꿔서 프로그램을 내보내죠. 프로그램 제목도 〈나는 가수다〉를 〈가수〉로, 〈런닝맨〉을 〈맨〉으로 바꿔요.

표절했다고 제소를 해도 소송 기간만 4년~5년 걸리기 때문에 소용이 없어요. 중국과 자유무역협정을 체결하면서 콘텐츠를 표절하지 못하도록 제재안을 만들어야 해요. 중국 내에서도 함부로 표절하지 말고 정식으로 사서 하자는 여론이 형성되면 남의 콘텐츠를 함부로 훔치지 못할 거예요. 그런 날이 5년 이내에 올 거라는 생각이 듭니다.

한국 예능 프로그램의 위상이 대단하네요.

그럼요. 중국뿐만 아니라 동남아시아까지 아주 엄청나죠. 불과 2년 전만 해도 홍콩에 〈런닝맨〉 출연자들이 뜨면 어마어 마한 인파가 몰렸어요.

중국 방송 경험 들려주세요

편 중국 방송 경험 들려주세요.

신 1년 정도 일했어요. 우리말로 하면 〈한다면 한다〉라는 프로그램이었죠. 중간에 사드 외교 문제가 터지면서 한국 사람들은 다 돌아가라는 분위기가 조성됐고, 저 또한 여러 가지 힘든 일을 겪었어요.

지금 중국에 남아 있는 사람들이 많아요. 시간이 좀 걸리더라도 외교적으로 잘 해결되어서 다시 좋은 날이 오길 바라는 마음입니다.

편 중국에서 일하면 언어는 어떻게 사용하나요?

신 통역이 옆에 한 명씩 있었어요. 언어의 차이가 생각보다 크진 않아요. 언어의 차이보다 문화의 차이가 더 크죠. 방송 시스템의 차이라고 할까요?

한국 같으면 어떻게든 방송에 나가게 하려고 PD가 이리 뛰고 저리 뛰고 해서 프로그램을 만들어 내요. 중국 사람들은 자신의 일이 아니면 전혀 상관하지 않죠. 업무가 너무 나누어져 있고, 자신의 일이 아니면 손 하나 까닥 안 하니까 어떤 일

중국 프로그램 녹화현장

의 담당자를 찾아다니는 게 너무 힘들었어요. 저는 언어보다
문화의 차이가 더 힘든 것 같아요.

문화의 차이를 극복할 수 있는 방법이 있나요

📩 외국에서 일하면서 문화의 차이를 느끼면 정말 힘들 것 같아요. 그걸 극복할 수 있는 방법이 있나요?

📩 제 개인적인 생각인데 현지 PD를 잘 섭외해서 그 친구에게 맡기는 게 가장 좋은 방법 같아요. 우리가 큰 그림만 잡아주고 세부적인 건 현지 PD가 진행하는 게 중국 사람들과의 가장 올바른 협업이 아닐까 싶어요. 우리가 처음부터 끝까지 다 만들겠다는 생각이면 망할 수도 있어요. 큰 그림을 그려주고 이 기본만 지키되 나머지는 당신들의 문화에 맞게 만들라고 하면 성공할 것 같아요. 중국에서 나와 제일 잘 맞는 PD 파트너를 찾는 게 제일 중요합니다. 제 경험에서 말씀드려요.

📩 다른 나라에서 활약하고 있는 한국 예능 PD는 누가 있나요?

📩 김영희 PD는 지금 중국에서 굉장히 중요한 위치에 있어요. 외주 프로덕션에 있는데 우리나라로 따지면 나영석, 김태호 PD 만큼 유명하죠. 그리고 〈런닝맨〉을 만든 조예진 PD가 중국에서 〈24시〉라는 프로그램을 만들었는데 큰 인기를 끌었

어요.

편 중국에서 '인기 있다'는 우리나라와 규모가 다르지 않나
요?

신 중국 예능은 회당 제작비가 20억 원이 넘는 프로그램도
있으니까, 그 규모가 엄청나요. 중국 연예인들의 출연료가 워
낙 비싸고요. 그래도 시장이 워낙 크니까 기업 입장에서는 투
자할 가치가 있다고 판단하죠.

편 중국 말고 다른 나라에 가 있는 PD는 없나요?

신 베트남이랑 인도네시아에 예능 PD가 한 명씩 있는데 직
접 예능 프로그램을 만드는지, 자문만 하는지 잘 모르겠어요.
베트남에 한류 열풍이 불어서 한국 가수들이나 제작사들이 많
이 나가고 있거든요. 태국은 한국 아이돌이 워낙 유행하는 곳
이고요. 아마 베트남이나 태국에서도 한국 예능 PD의 프로그
램이 만들어지지 않을까 생각합니다.

한국 아이돌 인기가 그렇게 대단한가요

편 한국 아이돌 인기가 그렇게 대단한가요?

신 엄청나죠. 한국 아이돌을 좋아하니까 그들이 나오는 프로그램을 좋아해요. 바로 그게 예능이고요. 한국 아이돌이 나오는 광고를 좋아하니까 그들이 모델로 나오는 전자제품이 많이 팔리고, 산업 전반에 한국 제품이 많이 팔리는 역할을 톡톡히 해요.

편 중국은 큰 나라잖아요. 큰 나라에서 유행하는 문화가 우리나라로 들어오는 게 아니라, 우리나라 문화가 중국으로 흘러가는 현상이 의외인 것 같아요.

신 문화는 약간 상향 주의인 것 같아요. 문화 후진국에서 받아들이는 게 아니라 문화 선진국에서 받아들이는 게 법칙이죠. 중국이 우리나라보다 못 사는 건 사실이에요. 중국이 워낙 차이가 큰 미국 문화를 받아들이진 않지만, 한국은 자기네보다 아주 조금 더 잘 살고, 문화의 차이가 있어도 받아들이기 좋은 정도라고 생각하는 것 같아요. 지리적으로 가깝고 과거의 역사 경험이 있어서 속으로 어떻게 생각하는지는 몰라도 정서적으로도 제일 잘 맞는 것 같고 한국 사람에 대한 거부감도 거의 없어요. 일본 사람에 대한 거부감은 되게 심하고요.

우리나라에 방송 인력이 많은 편인가요

편 우리나라에 방송 인력이 많은 편인가요?

신 한국 방송 산업 또는 콘텐츠 산업만 놓고 본다면 하면 과잉 상태죠. 우리나라에 방송 채널이 많아서 굉장히 많은 사람들이 일하고 있어요. 그런데 적절한 보상을 받지 못하고 일한다는 게 문제예요.

중국 사드문제가 터지기 전에는 우리나라 방송 인력의 15%가 중국에 가서 많은 돈을 벌었어요. 그 덕분에 적정선을 유지할 수 있었죠. 그런데 사드 때문에 15%의 많은 인력이 다시 국내로 들어오는 바람에 노는 사람도 많아졌고, 일하는 사람이 넘쳐나다 보니까 노동에 대한 적절한 보상이 이뤄지지 않는 현실이 되었죠. 물론 현장은 젊은 감각을 가지고 열심히 일하는 사람들이 늘 부족한 현실에 처해 있고요. 그런데, 사드 문제가 풀리고 남북이 서로 협력하는 분위기가 되면 중국 시장이 다시 열릴 거고 그러면 많은 인력이 다시 중국과 동남아시아로 나갈 수 있을 거예요.

예능 PD가 가장 많은 스카우트 제의를 받나요

편 중국이나 동남아에서 스카우트 제의가 들어온다고 하셨잖아요. 예능 PD가 가장 많은 제의를 받나요?

신 현재까지는 예능 PD와 드라마 PD에 한정되어 스카우트 제의가 들어오는 것 같아요. 드라마 PD는 중국 드라마가 아니라 영화를 연출하는 경우가 많아요. 예능 PD는 인도네시아, 베트남 등에 나가 있고, 중국에도 많이 진출해 있습니다. 중국 시장이 워낙 크니까 좋은 파트너를 만나서 프로그램을 잘 만들면 좋은 기회가 될 거예요.

방송 제작 환경이 많이 다르죠

편 방송 제작 환경이 많이 다르죠?

신 미국과 중국은 시스템이 거의 비슷해요. 물론 시스템을 떠받치는 문화는 아주 많이 다릅니다. 미국의 할리우드 시스템을 중국이 수입해서 그런 거겠죠. 중국의 방송 시스템은 상당히 선진화했는데 아직까지 그걸 뒷받침할 수 있는 문화가 정착되지 않은 것 같아요.

앞에서도 말씀드렸지만 중국과 미국은 프로듀서와 디렉터가 하는 일이 나누어져 있어요. 하나의 프로그램에 프로듀서가 8~9명, 디렉터가 6~7명 되는 경우도 많아요. 우리나라는 그 일을 한 명의 PD가 다 하고요. 최근 들어 한국도 3~4명의 PD로 분산하는 추세인데, 아직도 방송 프로그램 제작 전 과정에 PD의 지배력이 압도적인 상황입니다. PD에 대한 의존도가 굉장히 높아요. 단점은 한 사람의 노동 강도가 굉장히 세다는 거죠.

좋은 점은 프로그램의 높은 완성도예요. 프로그램 전체를 꿰뚫는 사람이 한 명 있으니 프로그램이 일관성 있고 영화로 치면 작품성이 높은 작가주의 방송 프로그램이 탄생합니다.

그래서 한국 예능 PD의 몸값이 점점 높아지는 것 같아요.

편 어느 게 더 좋은 거예요?

신 제가 큰돈을 받고 중국에 가서 일할 수 있었던 건 아마 열 명이 해야 하는 일들을 저 혼자 다 할 수 있기 때문이겠죠. 저는 한국 방송사에서 그런 혹독한 훈련을 거쳤으니까요.

그런데 시대가 바뀌면서 후배에게 내가 참아낸 훈련을 강요할 수는 없을 것 같아요. 그런 노동 강도를 참아내면 너희들도 나중에 큰 보상을 받을 거라고 얘기하는 건 잘못된 것 같아요. 저는 그런 과정 속에서 많은 돈을 벌었고 후회는 없지만 후배들에게 똑같은 희생을 하라고 말하고 싶진 않아요. 누구에게나 소중한 청춘시절이고 다시 돌아오지 않는 소중한 시간이잖아요. 미래도 소중하지만 현재도 소중하다는 요즘 후배들의 이야기에 저도 깊이 공감합니다.

편 외국 방송사에서 일할 수 있는 방법은 스카우트 제의 밖에 없나요?

신 요즘은 외국의 외주 프로덕션에서도 많은 제의가 와요. 중국은 한국의 방송 인력을 원하고요. 중국의 방송사는 채널

편성권만 있고 제작 능력이 없기 때문에 전부 외주 프로덕션에서 제작해요. 작가들에게도 일하자는 제의가 많이 들어온대요. 잘못 가면 낭패만 보기 때문에 신뢰할 수 있는 곳을 통해서 잘 알아보고 가야죠.

편 중국 방송 쪽에서 일하려면 뭘 체크해야 하나요?

신 일단 임금을 확인해야죠. 돈을 한국으로 어떻게 입금할 건지, 비자를 어떻게 해결할 건지, 숙소 문제는 어떻게 되는지 살펴야 해요. 이런 것들을 정확하게 해결해 주지 않으면 안 가는 게 나아요. 워낙 상술에 밝은 나라이기 때문에 많은 돈을 준다는 유혹이 있지만 사실은 그들이 더 이득을 보는 경우가 많기 때문에 꼼꼼히 잘 살펴보고 가야해요.

미래 전망이 좋은 직업 중 하나네요

[편] 예능 PD는 미래 전망이 좋은 직업 중 하나네요.

[신] 저는 한국의 예능 PD가 글로벌 PD가 될 수 있는 큰 역량을 가지고 있다고 생각해요. 대신 한국 콘텐츠가 가지는 경쟁력에 눈을 떠야죠. 15년 전 HOT가 중국과 대만에서 유행할 때, 많은 대중문화 평론가들이 '한때'일 거라고 생각했어요. 그런데 그 이후로 K-POP 이라는 이름으로 벌써 15년째 지속되고 있죠. 이제 중국뿐만 아니라 일본, 동남아시아, 북미, 남미까지 그 영역이 점점 확대되고 있어요.

[편] 다른 나라 아이돌에 비해 실력이 월등한가요?

[신] 중국 아이돌, 한국 아이돌, 일본 아이돌을 비교하면 한국 아이돌의 실력과 외모가 월등해요. 물론 중국과 일본도 계속 발전하지만 우위에 있는 우리나라도 계속 발전하니까 따라잡기가 어렵죠. 언젠가는 이 세 나라가 비슷해지겠지만 당분간은 한국 아이돌의 우위 현상이 지속될 거라 생각됩니다.

편 한류 현상이 계속될 거라고 보시는 거죠?

신 네. 마찬가지로 한국 예능 콘텐츠에 대한 수요가 계속 증가하고, 이런 식으로 글로벌 시장이 형성되면 한국 예능 PD가 할 수 있는 일이 더 많아지죠. 콘텐츠는 상상력에 기반을 두기 때문에 인공지능이 대신할 수 없거든요.

제가 중국에서 1년 간 지낼 때 중국에서 히트한 모든 프로그램은 거의 대부분 한국에서 수입한 포맷이었죠. 〈나는 가수다〉, 〈런닝맨〉, 〈윤식당〉, 〈삼시세끼〉, 〈쇼미더머니〉 등 전부 한국 포맷이죠. 왜 한국에서 들어온 콘텐츠가 다 히트를 쳤을까요? 그건, 아무리 중국 정부에서 제재를 해도 대중이 원하는 욕구까지 제재를 할 수 없기 때문이에요. 한국의 예능 콘텐츠는 중국 인민들이 원하는 정서적 공감을 많이 제공하고 있어요. 그 부분이 아까도 말했던 진정성과 결합된 재미인데 연예인들이 최선을 다하는 구조를 만드는 포맷이 중국인들에게 매력을 준다고 생각합니다.

중국과 한국 간의 정치적인 문제가 해결되고 콘텐츠 시장이 더 크게 열리면 한국의 예능 PD들을 계속 부를 거예요. 문화 시장은 무한하잖아요. 그리 먼 미래는 아닐 거 같아요. 5년 안에 다가올 미래인 것 같아요.

신정수 잡스

Job
Story
5

★ 예능 PD,
한국 대중음악의
공존을 꿈꾸다

왜 〈음악의 공존〉 프로그램을
기획했어요?

지금의 K-POP이 세계적인 인기를 얻는 이유는
기본적으로 한국 음악이 좋기 때문이라고 생각해요.
클래식, 국악, 재즈 등 우리의 다양한 음악이
아름답게 공존할 때 K-POP이 더 크게 발전하고,
전 세계 사람들에게 꾸준한 감동을 줄 거예요.
그래서 〈더 마스터 : 음악의 공존〉을 만들었고,
비록 시청률은 저조했지만 굉장히 의미 있고
또 필요한 작업이었다고 생각합니다.

가장 최근 프로그램을 소개해 주세요

편 가장 최근 프로그램을 소개해 주세요. 보니까 직접 연출하신 2011년 〈나가수〉와 2017년 〈더 마스터-음악의 공존〉은 모두 음악 프로그램이네요.

신 〈나는 가수다〉는 김영희 PD가 낸 아이디어였고 제가 함께 참여했어요. 끝나고 음악 프로그램에 대한 많은 생각을 하게 됐죠.

어느 순간 국악과 클래식이 좋아졌어요. '누군가와 같이 듣고 싶다, 사람들한테 들려주고 싶다.'는 마음이 생겼어요. 대중가요랑 다 섞어서 무대에 세워보고 싶었죠. 제가 원래 음악을 좋아하는데 전주의 어느 음식점에 갔더니, 어떤 사람이 갑자기 일어나서 판소리를 하니까 어디에선가 답가를 했어요. 국악을 현장에서 들어보니까 너무 좋은 거예요. 태어나서 처음 보는 광경이었죠. 이걸 잘 해서 보여줘야겠다고 생각했어요. 클래식, 재즈, 국악, 대중가요, 뮤지컬 이런 것들을 다 함께 무대에 세우고 싶었어요.

편 기획회의 때 반응이 어땠어요?

신 반대가 많았죠. 국악하고 클래식은 대중적인 장르가 아니니까요. 거부감이 크죠. 안 된다는 의견이 더 많았는데 '그럴수록 해야 된다.'는 당위성으로 사람들을 설득했던 것 같아요. M.net이 대한민국 유일한 음악 채널인데 M.net에서 하지 않으면 도대체 이걸 어디에서 할 수 있겠냐고 설득했죠. '그래, M.net이니까 하자!'고 해서 프로그램을 만든 거예요.

편 이 책을 읽는 음악 마니아 친구들은 예능 PD가 되고 싶을 것 같은데요?

신 음악을 제일 좋아하는 사람은 음악가가 되겠죠. 저처럼 음악을 좋아하는데 재능이 없으면 음악 옆에 있는 직업을 가지면 돼요. 연예인이 되고 싶지만 그런 재능이 없는 사람들은 연예인 옆에 있는 직업을 가지면 되죠. 제가 음악을 만들어 내진 못해도 들려줄 수는 있잖아요. 행복한 일이죠. 비록, 음악을 직접 만들어내진 못해도 그 중간자로서 역할을 할 수 있으니 그 시간이 한없이 행복합니다.

제목이 왜 〈음악의 공존〉인가요

편 제목이 왜 〈음악의 공존〉인가요?

신 음악의 공존을 보여주고 싶었어요. 인기, 비인기를 떠나서 모든 음악이 사람들에게 존중받아야 한다고 생각했죠. 아주 당연한 이야기 같지만 현실은 그렇지 않아요. 특히 음악을 유통하는 큰 채널인 방송사들이 일정한 책임을 져야 된다고 생각했죠. 그런데 아무도 그 책임을 지려고 하지 않더라고요. 고민하고 있는 내가 음악의 공존을 위해 작은 역할이라도 해야 되는 게 아닐까 생각했고 많은 사람들을 설득해서 프로그램을 만들었어요.

실제로 프로그램을 만들다 보니까 비인기 장르인 국악이나 클래식에 종사하시는 분들의 실력이 어마어마했어요. 현장에 있었던 모든 스텝들과 방청객들도 깊은 감동을 받았죠.

저는 지금의 K-POP이 세계적으로 인기를 끌 수 있는 가장 큰 이유가 기본적으로 한국 음악이 좋기 때문이라고 생각해요. 특히, 한국의 대중음악은 1980년대를 거치면서 아주 비약적으로 발전하는데 그 과정이 있었기 때문에 K-POP 아이돌 음악이 다른 나라에 비해 우위를 갖게 되었다고 생각해요.

그럼 1980년대의 비약적인 음악 발전은 어디에서 비롯되었을까요? 저는 개인적으로 그 바탕에 있는 우리의 모든 음악이 좋기 때문이라는 결론을 내렸습니다. 이렇게 클래식, 국악, 재즈 등 우리의 다양한 음악이 아름답게 공존할 때 K-POP이 더 크게 발전하고, 전 세계 사람들에게 꾸준한 감동을 줄 수 있다고 확신합니다. 그런 이유에서 〈더 마스터 : 음악의 공존〉이라는 프로그램을 만들었고, 시청률은 저조했지만 굉장히 의미 있고 필요한 작업이었다고 생각합니다.

📄 K-POP이 성장할 자양분이 필요하다는 말씀에 놀랐습니다. '어떻게 하면 우리 콘텐츠가 세계 곳곳에서 계속 인기를 끌 수 있을까'만 고민했지, '영양가 높은 자양분을 어떻게 얻을까'는 전혀 고민하지 않았던 것 같아요.

📄 지금까지는 과거와 전통에서 자양분을 얻었지만 지금부터가 중요하겠죠. 저는 상당히 낙관적으로 생각해요. 한국에는 음악을 좋아하는 실력파 친구들이 아주 많아요. 클래식 재능이 없더라도 기본적으로 음악을 좋아하고 어느 음악이든지 잘 흡수하는 경향이 있는 것 같아요.

미래의 방송과 예능 PD의 역할은 어떻게 변할까요

편 미래의 방송과 예능 그리고 PD의 역할은 어떻게 변할까요?

신 TV는 흑백에서 컬러로 바뀔 때 큰 변화를 맞이했어요. 그 다음에 케이블이 생기고 IPTV, 인터넷이라는 변화가 왔죠. 그 다음의 큰 변화는 모바일이에요. 학생들은 거실에 TV가 있어도 각자 방에 들어가 핸드폰으로 보더라고요. 저희끼리는 디바이스^{device}가 달라진다는 표현을 써요. 디바이스가 달라져도 기본적으로 콘텐츠를 만드는 건 똑같은 것 같아요. 당연히 내용은 조금씩 달라지겠죠. 디바이스에 맞게 콘텐츠가 조금씩 바뀔 수 있지만 콘텐츠의 본질 즉 인간이 갖고 있는 기쁨을 그대로 표현하려는 욕구, 재미를 표현하려는 노력을 계속한다면 예능 PD는 시대와 사회를 넘어 계속 남는 직업일 거예요. 책이 전자책으로 바뀐다고 해서 소설가가 없어지는 게 아닌 것처럼요.

Job
Propose 16

음악방송 스튜디오 무대

프로듀서와 디렉터의 역할이 분리될까요

■편■ 외국의 방송사처럼 프로듀서와 디렉터의 역할이 분리될까요?

■신■ 우리나라도 결국에는 분리될 것 같아요. 그래야 직업도 더 많이 생기고요. 결국 돈을 가진 자본가가 프로듀서 역할을 하겠죠. 디렉터는 프로듀서가 언제든지 고용할 수 있는 사람이고요. 지금까지는 방송사에서 그런 부분을 보호했는데 점점 큰 자본이 방송에 투입되면서 외부에서 능력 있는 디렉터를 고용해서 쓰게 될 거라고 예상하고 있어요. 빠르게 진행되진 않겠지만 몇 십 년 안에 이뤄질 거예요. 그리고 국내에서만 이루어지는 것이 아니라 동북아시아 시장 전체에 그런 시스템 변화가 일어날 것 같아요.

스타 PD의 시대, 긍정적인가요

편 스타 PD의 시대인 것 같아요. PD의 이름을 보고 프로그램을 시청하는 경우가 많아요. 이게 긍정적인가요?

신 PD 개인의 실력이 검증되는 건 좋은 현상이라고 생각합니다. 사실 어느 분야에서든 개인의 실력이 다 드러나는 시대인 것 같아요. 스포츠, 연예인, 영화감독도 마찬가지예요. 봉준호 영화, 류승완 영화라는 말을 사용하죠. 미디어 시장, 시청자들이 다 검증하는 것 같아요. 재미와 관심도가 시청률로 나타나고, 시청자들의 댓글 등 뚜렷한 반응이 있어요. 신문기사 몇 줄보다 정확한 평가라고 느낄 때도 많아요. 아마 스타 PD 본인들도 노력을 많이 하고 부담감도 크겠죠. 후배 PD들에게 모델도 될 거라고 생각해요.

편 후배들은 그렇게 되는 게 꿈인가요?

신 뛰어난 선배는 후배들의 모델이 돼요. 제게도 김영희 선배라는 닮고 싶은 모델이 있었죠. 선배를 보며 '콘텐츠를 잘 만드는 사람이 되고 싶다'라는 꿈을 꾸었어요.
'콘텐츠를 잘 만들면 힘이 있는 PD가 되는구나. 내가 하고 싶

은 프로그램을 할 수 있다는 건 정말 멋진 일이야'라고 생각했
어요.

사실 방송사에 있으면 자기가 하기 싫은 프로그램도 억지
로 해야 돼요. 행정 업무도 많고, 광복절 기념식 등 행사 프로
그램도 해야 되고요. 물론 국가 방송사인 KBS나 MBC의 역할
이긴 한데, 내가 정말 하고 싶은 프로그램만 하려면 프로그램
을 선택해서 할 수 있는 위치에 올라가야 하고, 그러려면 성과
를 잘 내는 PD가 되어야죠.

편 '나영석 사단'이라는 말을 들었어요. PD랑 같이 작업하는
특정 사람들을 의미하나요?

신 나영석 PD는 그런 면에서 굉장히 뛰어난 친구인 것 같아
요. KBS에 있다가 tvN으로 와서 주위에 있는 PD들을 조연출
부터 훈련시켰죠. 그렇게 잘 키운 15명의 PD들로 팀을 꾸려서
프로그램을 계속 만들어요. 〈윤식당〉, 〈알쓸신잡〉, 〈강식당〉,
〈신서유기〉가 전부 그 팀에서 만드는 프로그램이죠. 아이디어
를 서로 공유해서 발전시켜 나가고, 나영석 PD가 섭외를 도와
주고 마케팅도 함께 해요. 정말 좋은 현상이에요.

넷플릭스에 대해 설명 좀 해 주세요

편 미디어 환경이 계속 변하잖아요. 앞에서 넷플릭스에 대해 잠깐 언급하셨는데, 설명 좀 해주시겠어요? 미디어 유통을 이해하는 데 도움이 될 것 같아요.

신 넷플릭스는 일종의 콘텐츠 허브라고 보시면 될 것 같아요. 제작도 하고 유통도 하는 글로벌 기업입니다. 이전까지는 언어의 장벽과 문화 그리고 시장의 차이 때문에 글로벌 콘텐츠의 생산과 유통이 어려웠어요. 그런데 2010년대에 미국 자본이 글로벌 방송시장이 형성되고 있다고 보고 뛰어든 거죠. 그렇게 설립한 게 넷플릭스예요.

지금은 전 세계로 그 유통망을 확대하고 있어요. 놀라운 건 콘텐츠 구입료 만으로 제작비를 충당하고 수입을 창출하려는 위대한 생각을 했다는 거예요. 보통의 미국 드라마나 영화에는 워낙 큰 자본이 들어가기 때문에 TV를 기본 플랫폼으로 설정하거든요. 그런데 과감히 그 틀을 깨고 '이제 사람들은 재미있으면 돈 내고 콘텐츠를 본다'라고 판단해서 글로벌 전략을 세웠어요. 이제 드라마뿐 아니라 예능 프로그램도 만들고 있어요. 심지어는 다큐멘터리도 만드는데 그 내용이 상당히 좋습니다.

편 한국 미디어 시장은 규모가 작은 거 아닌가요?

신 한국 시장을 보고 들어온 건 아니에요. 한국 시장을 기반으로 해서 중국으로 진출하려는 계획을 세우고 있어요. 넷플릭스가 갖고 있는 미국 드라마는 중국 진출에 실패했어요. 중국 정부에서 막는데다가 정서도 너무 다르고요. 그런데 한국 콘텐츠가 중국에서 좋은 반응을 얻으니까 한국 드라마나 예능처럼 만들어서 중국에 진출하자는 전략을 세운 거죠. 한국을 거점으로 삼아 드라마, 예능을 만들어서 중국에 진출하는 거예요.

미국 할리우드에서 넷플릭스가 미드로 시장을 장악했듯이 25억 명의 아시아 시장에서 사업하기 위한 콘텐츠 허브가 필요하다고 생각했겠죠. 가장 큰 시장이 중국인데 바로 진출하기는 불가능하니까 한국을 발판으로 하는 전략이에요.

방송 관련 직업이 왜 인기가 많을까요

편 방송 관련 직업이 왜 인기가 많을까요?

신 첫 번째는 연예인을 많이 보는 일이라 그런 것 같아요. 두 번째는 대중에게 노출되고 관심을 받고 싶어서겠죠. 관심받고 싶은 욕망은 현 세대의 문화인 것 같아요. 인스타그램^{Instagram}은 인증샷을 남기는 거잖아요. 뭘 남기는 걸 하나의 문화로 본다면 방송은 이미 그 일의 하나고요. 그런 유행과 대중문화, 하는 일이 하나로 연결되어 있으니 가장 인기가 많은 직업이 된 것 같아요.

옛날에는 방송 관련 직업에 접근하기가 힘들었어요. 장비가 워낙 고가였고, 사용법도 복잡했죠. 그런데 요즘은 핸드폰 하나로 자기가 촬영하고 편집해서 공유할 수 있잖아요. 다양한 SNS를 통해서 모든 사람과 모든 것을 공유하는 새로운 세상이 열리고 있어요. 다매체 시대에 들어섰고, TV의 영향력이 점점 줄어들긴 하지만 그래도 아직까지는 최고의 영향력을 유지하기 때문에 방송 관련 직업의 인기가 높다고 생각합니다.

방송사의 영향력은 점점 줄어들지 않을까요

편 다매체 시대라면 방송사의 영향력은 점점 줄어들지 않을까요?

신 분명히 그렇게 될 거라고 생각합니다. 그런데, 저는 그게 더 좋다고 생각해요. 일자리도 늘어날 거라고 보고요. 사실 방송 분야는 기계가 대신하기 어려워요. 머리를 써야 되고 창작을 해야 되잖아요. 인공지능이 아무리 발달해도 소용이 없죠. 사람의 마음 속에 내가 들어가는 일이기 때문에 결국 사람만이 할 수 있는 일이라고 생각해요.

방송사에 연예인이랑 관련 없는 직업도 많죠

편 방송사에 연예인이랑 관련 없는 직업도 많죠?

신 많아요. 방송 관련 직업은 연예인, PD, 편성 PD,기술직, 경영 등으로 구분해요. 그리고 연예인을 만드는 연예인 기획사가 있어요. 이 전반적인 산업을 '연예 대중문화 산업', 또는 '방송 문화 산업'이라고 하는데 아주 많은 사람이 종사하고 있죠. 이 산업 규모가 1980년대부터 굉장히 빠른 속도로 커져서 전체 산업 규모에서 차지하는 비율도 증가했죠. 우리나라 교육 시장만큼의 크기일 것 같네요.

편 방송 직업을 희망하는 청소년들은 연예인에 대한 동경만이 아니라 이 산업에 대해 넓게 바라보면 좋겠어요.

신 연예인이 되는 조건은 너무 까다로워요. 키도 크고 얼굴도 예쁘고 끼도 있어야 돼요. 그런데 그런 재능이 없다면 연예인을 키워내는 직업, 연예인 옆에서 도와주는 직업에 눈을 뜨면 좋겠어요. 저는 기획자도 되게 멋진 일이라고 생각해요. 또는 매니저, PD, 작가까지 정말 많죠. 앞으로는 매체가 더 다양해지기 때문에 창작자가 꼭 방송국에 들어오지 않더라도 일할 수 있는 기회가 많을 거예요. 물론 경쟁도 치열해지겠죠.

과학 기술의 발전이 방송에 큰 영향을 끼치나요

편 과학 기술의 발전이 방송에 큰 영향을 끼치나요?

신 방송 기술은 최첨단 과학기술과 깊이 연관되어 있어요. 선거 방송을 보면 최첨단 CG 기술이 들어가 있죠. 실시간으로 집계하고, 가상현실, 증강현실을 보여주기도 해요.

예능 프로그램도 마찬가지예요. 컴퓨터 기술을 이용해서 재미 요소를 많이 만들죠. 1990년대 후반에 자막 기계가 만들어지면서 방송에 자막이 처음 생겼어요. 그전에 예능 프로그램은 저 사람이 어떤 생각인지 알 수도 없고 잘 들리지도 않았죠. 재미를 많이 놓친 거죠. 그런데 자막이 생기면서 그런 부분들이 보완되었어요. 화려한 첨단 기술이 편집과 결합되면서 방송의 재미가 크게 늘어났다고 생각해요. 그런데 첨단 기술과 예능 프로그램이 무조건 결합하진 않아요. 재미를 줄 수 있는 기술만 들어오죠. 3D 체험이 즐겁지만 방송에 적용되진 않죠. 하는 사람은 재미있지만 그걸 보는 사람은 즐거움을 공유하기 어렵거든요. 보는 사람도 공감이 가능한 재미를 줄 수 있는 기술이어야 해요. 예능 프로그램에서 뿅 망치로 대결하는 건 굉장히 구식이지만 보는 사람도 하는 사람도 무척 재미있어요. 꿀밤을 때리거나 아이스크림 뺏어 먹기를 하는 게 재미를 주기도 하죠. 아무리 최첨단 과학 기술이라도 그게 재미로 구현되지 않는다면 예능 PD는 결코 사용하지 않을 거예요.

모바일 혁명이 가장 큰 변화를 가져온 것 같아요

편 모바일 혁명이 미디어 환경에 가장 큰 변화를 가져온 것 같아요.

신 예전에는 대형 TV에서 보는 콘텐츠가 유행했어요. 다큐멘터리 전성시대가 올 거라고 예상했고 와이드 스크린이라는 대형 화면이 유행했죠. 그런데 어느 순간에 싹 사라졌어요. 핸드폰 시대가 왔죠. 작은 화면으로 6분, 7분짜리의 동영상을 보는 시대가 온 거예요. 웹 드라마, 웹 시트콤, 웹 예능이 생겼어요.

편 TV에서 모바일로 오면서 프로그램 길이가 확 줄어든 이유는 무엇인가요?

신 TV는 집에서 보기 때문에 60분, 70분 동안 볼 수 있어요. 라면도 먹고, 밥도 먹고, 꾸벅꾸벅 졸면서 시청할 수 있죠. 그런데 모바일은 아니잖아요. 주로 집 밖이거나 이동할 때 시청을 하죠. 6분, 7분밖에 못 봐요.

이렇게 시청자의 패턴에 따라 콘텐츠의 길이, 형식이 계속 달라져요. 유통 경로나 콘텐츠를 담는 장치들도 변화하죠. 앞으로도 우리가 상상하지 못할 정도로 계속 변화할 거예요.

신정수 잡스

Job
Story
6

다시 태어난다면
학생들과 함께
Fun Fun~

다시 태어난다면
어떤 직업을 갖고 싶어요

선생님이요.
무언가를 가르치고 싶어서 그런 건 아니에요.
무한한 미래를 가진 학생들과 함께 있는 게 좋아요.
새로운 세대에게 배울 수 있는 게 참 많거든요.
학교에서 학생들과 함께 생활하면
세상이 어떻게 바뀌고 있는지 제대로 배울 수 있지 않을까요?
다음 세대를 접할 수 있는 최고의 매력 장소가 학교고,
그걸 어른들에게 가르쳐 주는 최고의 선생님이
학생들이라고 생각해요.

1인 미디어 활동,
도움이 되나요

"

1인 미디어가 범위를 넓히고 사회성을 갖추면
그게 대중문화라고 생각해요.
그 사람이 예능 PD인 거죠.
'나는 사회적 책임감이 없이 자유롭게 할 거야.'라는
생각이라면 1인 미디어를 하는 게 좋고요.
공중파 예능 PD가 되려면
'전파는 공공성이 있어.'라는 명제에 수긍을 해야 되요.

"

예능 PD가 되는 방법을 알려 주세요

편 이 책의 독자들이 예능 PD가 되는 방법을 알려 주세요.

신 가장 일반적인 방법은 방송사 공채 시험이에요. 필기시험, 각종 실기 및 논술, 면접을 보죠. 3~4 단계의 시험을 통과해야 돼요. 방송사 공채는 1년에 한 번 정도 있습니다.

편 시험 내용은 어떻게 되나요?

신 필기시험은 모든 분야의 문제가 다 나오는 상식 테스트예요. 범위가 너무 넓어서 따로 공부하기가 어렵죠. 평소의 교양 지식을 테스트하는 것 같아요. 항상 신문을 읽고 많은 양의 독서를 해야 돼요. 실기시험은 창작 기획안, 아이디어 테스트 등이 있어요. 순발력이 필요하죠. 마지막 논술시험은 작문 테스트예요. 기획안, 소설 등의 작품 등을 써 내야 해요. 마지막에 임원 및 실무진 면접을 봅니다.

편 단계별로 통과, 탈락인가요 아니면 접수 합산제인가요?

신 그건 방송사마다 어떤 전형을 실시하는가에 따라 다른데 일반적으로 단계별로 통과, 탈락하는 방법을 씁니다. 구체적인 전형은 매년 바뀝니다.

편 방송사 공채 말고 다른 방법은 없어요?

신 우리나라에 총 100여 개의 외주 프로덕션이 있는데 별도의 시험을 거치는 게 아니라 PD가 되고 싶은 사람이 찾아와 간단한 면접 및 인턴을 거쳐 PD가 됩니다. 그런데 이 방법은 입사가 쉬운 대신에 연봉이나 처우, 근로환경 등 직업의 안정성, 회사의 안정성이 상대적으로 떨어져요. 저는 개인적으로 방송사 공채를 추천하고 싶은데, 정말 많은 노력이 필요합니다. 최근에는 1인 미디어 경력을 활용해서 경력직으로 방송사에 특채로 입사하는 경우가 있습니다. 유튜브 등의 1인 미디어 분야에 어떤 특별한 성과를 남긴다면 방송사에서 일하는데 도움이 될 거예요.

1인 미디어 활동이 PD가 되는 데 도움이 되나요

편 요즘 친구들은 1인 미디어 활동을 많이 하잖아요. PD가 되는 데 도움이 되나요?

신 아주 많은 도움이 됩니다. 과거에는 1인 미디어라는 게 없었어요. 요즘은 누구나 미디어에 접근할 수 있어요. 미디어는 기본적으로 대중에게 무언가를 노출시키는 거예요. 대중과 소통한다는 점이 일치하기 때문에 PD 생활하는 데 있어서 큰 도움이 됩니다.

1인 미디어가 범위를 넓히고 사회성을 갖추면 그게 대중문화라고 생각해요. 그 사람이 예능 PD인 거죠. 1인 미디어를 하면서 자기가 찍고 촬영하고 생각을 담는 과정이 나중에 PD가 되었을 때 큰 도움이 돼요.

편 다른 점도 분명히 있겠죠?

신 1인 미디어는 자신의 자아실현과 욕구 해소를 위해서 하는 경우가 많아요. 방송사 예능 PD는 자아실현이나 욕구 해소뿐만 아니라 사회적 책임감까지 가지는 자리라고 생각합니다. '나는 사회적 책임감이 없이 자유롭게 할 거야'라는 생각이라면 1인 미디어를 하는 게 좋아요. 전파가 가진 공공성을 인정하기 어렵다면 1인 미디어나 독립 PD를 해야죠. 예능 PD가 되려면 '전파는 공공성이 있어'라는 명제에 수긍을 해야 돼요.

편 1년에 몇 명 뽑아요?

신 PD라는 직업이 너무 좋아서 여러분에게 권해 주고 싶은
데, 사실은 시험을 통과하는 게 너무 어려워서 많은 고민을 하
게 되네요. 1년에 MBC, KBS, SBS, tvN, JTBC, M.net 등
다 포함하면 총 40명~50명 정도 뽑는 것 같아요. 경쟁률은
200대 1 정도 되고요. 여러분의 뜻이 확실하다면 반드시 길이
있을 거예요. 학창시절부터 정말 많은 책과 신문을 읽고 노력
하셔야 해요.

편 우리나라에 PD가 몇 명 정도 되나요?

신 PD 협회가 있어요. 예능 PD는 AD까지 합쳐서 MBC가 약
80명, KBS가 약 120명, SBS 약 80명 정도 돼요. tvN이 약
120명, M.net이 약 50명, JTBC가 약 80명. 총 합하면 예능
PD라고 불리는 사람이 600명 정도 되겠네요. 사실 우리나라
전체 변호사보다 적어요. 판사보다도 적고요.

📖 상식 테스트인 필기시험이 큰 벽인데요.

📱 말이 상식 테스트이지 온갖 문제가 다 나와요.
정치, 경제, 역사 분야는 다른 일반 기업 공채와 공통 분야지
만 방송사 상식 문제는 대중문화나 스포츠, 게임 관련 문제도
많이 나오기 때문에 전방위적인 문화 교양인이 되어야 해요.
꾸준한 독서와 신문 읽기만이 유일한 방법입니다.

📖 공채에 합격한 사람은 여러 번 떨어지고 합격했나요, 아
니면 한 번에 합격한 경우가 많나요?

📱 대부분 여러 번 도전해서 붙어요. 방송사가 여러 곳이니
까 모든 방송사에 지원하고, 시험장에 갈 때마다 마주치는 입
사 지원생 동기들도 많아요. 1년간 모든 방송사 시험을 도전하
라고 권하고 싶어요. 저도 KBS, SBS ,MBC에 다 지원해서 최
종적으로 MBC에 붙었거든요.

학창 시절에 잘해야 되는 과목이나 분야가 있나요

편 학창 시절에 잘해야 되는 과목이나 분야가 있나요?

신 특별히 잘해야 되는 과목은 없지만 안 해도 되는 과목도 없다는 게 제 생각이에요.

편 모두 다 잘해야 된다는 말씀으로 들려요.

신 생각해보면 학교에서 배웠던 모든 과목이 다 도움이 되는 건 사실이에요. 세상의 모든 지식을 동원해야 되는 직업이 PD 라고 생각해요. 가령 우리가 미술시간에 배웠던 미켈란젤로, 레오나르도 다빈치가 자막을 쓸 때 도움이 되기도 해요. 세계 사와 국사 시간에 배웠던 것들이 내가 만드는 프로그램에 자연스럽게 녹아들어요. 국어 교과서에 나오는 고전 작품들도 도움이 되죠. 교과서에 나와 있기 때문에 많은 사람들의 공감 대가 쉽게 형성되거든요.

저는 개인적으로 수학을 잘하는 친구들이 PD 업무를 잘 한다고 생각해요. 방송사 시험에는 영어만 나오고 수학은 안 나와요. 영어를 잘하는 친구들이 많이 입사하죠. 그런데 실질 적으로 들여다보면 수학을 잘 하던 친구들이 PD를 되게 잘 하더라고요. 판단력, 종합적인 논리력이 뛰어난 것 같아요. 단순한 계산력이 아니라 프로그램이 어떻게 논리적으로 흘러가야 되는지, 기승전결이 어떻게 구성돼야 하는지 잘 판단해요. 제가 프로그램을 잘 만드는 PD 후배들에게 물어봐요.

"고등학교 때 수학을 잘했어, 영어를 잘했어?"

대부분 수학을 잘 했더라고요. 수학을 잘하는 친구들의 창의력이 뛰어난 것 같아요.

대학을 안 나와도 예능 PD가 될 수 있나요

📦 대학을 안 나와도 예능 PD가 될 수 있나요?

📦 요즘의 방송사 공채는 블라인드 테스트라고 해서 학력 불문이에요. 저희 때는 대학 졸업장이 필요했던 게 사실인데 요즘은 문이 활짝 열려 있죠. 그런데 형식적인 문은 열려 있지만 실질적인 문은 닫혀 있다고 생각해요. 필기시험이라는 제도는 결국 시험에 최적화된 인간을 걸러내거든요. 시험에 최적화된 사람들이 모여 있는 곳이 바로 명문대학교잖아요. 특히, 한국의 명문대는 전 세계에서 시험을 제일 잘 보는 학생들이 다니는 대학이죠. 그런 친구들이 제일 잘 하는 게 행정고시, 사법고시, 언론고시 등 각종 시험이거든요. 형식적으로는 학력 불문으로 열려 있지만, 실질적으로는 최종 합격자들이 다 대졸자였어요. 불행하게도 아직까지는 대학을 졸업하지 않고 스타 PD가 되거나 방송사 공채 시험을 통과한 PD는 없는 것 같아요.

그런데 최근 들어 눈에 띄는 변화가 있어요. 일단 PD에게 "너 어느 대학 나왔어?"라고 질문을 하는 사람이 거의 없어요. 그런 질문보다 "지금까지 무슨 프로그램을 해 왔어?"라고 물어보죠. 아주 좋은 현상이라고 생각해요. 우리가 영화감독을 바라볼 때 그 사람이 만든 영화만 생각하지, 어느 학교 출신인지 생각하진 않잖아요. 그러다 보니 여러 개성을 가진 친구들이 나타나고 있어요. 조만간에 대학을 졸업하지 않은 아주 놀라운 스타 예능 PD가 탄생할 겁니다.

필기시험 제도가 꼭 필요할까요

편 필기시험 제도가 꼭 필요할까요?

신 필기시험이라는 제도가 의미하는 건 공정성인 것 같아요. 필기시험이 없다면 연줄로 들어갈 수 있잖아요. 물론 필기시험이라는 제도를 거치는 순간 시험에 최적화된 사람들만 남는다는 단점이 있기는 하죠. 예능 PD는 명문대 출신들이 많지만 드라마 PD는 여러 대학을 나온 다양한 사람들이 많아요.

편 잡프러포즈의 고민이 한 가지 있어요. 필기시험이라는 제도는 결국 시험에 최적화한 사람들을 원하죠. 다양한 재능을 가진 모든 학생들이 반드시 통과해야 하는 그 문이 제도적으로는 공평할지 모르지만 한 사람 한 사람의 재능과 가능성을 반영할 순 없어요. 이미 우리는 어른이에요. 그런데 미래의 어른인 지금의 학생들에게 시험이라는 제도를 우선 통과해야 그다음의 미래가 있다는 이야기를 해야 하는 이 현실이 참 씁쓸합니다.

그래도 잡프러포즈의 모든 저자들은 거의 비슷한 메시지를 던지고 있어요.

"명문대를 가지 않더라도 명문대 갈 만큼의 지식과 실력은 쌓아야 한다. 그 지성 위에 자신만의 콘텐츠를 높이 쌓아라."

자신의 꿈을 직업으로 해서 살아가는 행복한 사람들의 이야기입니다. 귀를 기울이면 좋겠어요. PD를 꼭 하고 싶은 친구들은 다양한 분야의 모든 지식을 습득해야겠어요.

신 저는 대학교 다닐 때 음악 동아리 활동을 열심히 했어요. PD가 될 욕심에 동아리 활동을 열심히 한 건 아닌데, 지나고 나니 그 모든 게 저의 PD 생활에 도움이 되었습니다. 아마 이 책을 읽는 학생들도 제일 먼저 자신이 좋아하는 걸 찾고 거기에 매진하다 보면 어떤 길이 보일 거예요.

가장 중요한 건 자신이 좋아하는 일을 찾는 거예요. 10년 후에는 남북이 어떤 형태로든 많은 교류를 할 거고 정말 많은 기회가 주어질 거라고 생각합니다. 그리고 언어의 장벽도 사라져서 동북아시아 전체가 유럽처럼 가까운 이웃이 될 거라고 믿어요. 수많은 기회가 생길 거예요. 일단 자신을 먼저 올곧게 세우다 보면 멋진 장래가 펼쳐질 겁니다.

어떤 사람이 예능 PD가 되면 좋을까요

편 어떤 사람이 예능 PD가 되면 좋을까요?

신 일단은 사람 만나는 걸 좋아해야죠. 다방면의 일에 관심이 있고 타인 및 세상과 소통하는 걸 좋아하는 사람이요. 무언가를 만들어서 성취감 느끼는 걸 좋아하는 사람. 이런 성향의 사람이 예능 PD와 잘 맞아요.

편 예능 PD 중에 사람 만나는 거 싫어하는 사람은 없어요?

신 있죠. 예능 PD 그만두고 경영이나 편성 PD로 이동한 친구들도 있어요. 어렵게 예능 PD가 됐는데 AD 과정을 거치면서 자기 적성과 안 맞는다는 걸 알게 된 거죠. 사람들이랑 부대끼는 거 싫어하는 성향을 절대 바꿀 수 없는 사람들도 있거든요.

예능 PD 일을 재미있게 하는 친구들을 보면 그 친구 자체가 웃기고, 다른 사람이 웃는 걸 좋아하고, 일 꾸미는 걸 즐겨요. 어떤 환경에 있어도 즐거움을 찾아내는 기발한 재주가 있어요. 다들 부지런하고요. 이 책을 보는 친구들 중에 그런 친구들이 있다면 예능 PD를 하세요.

편 이 일이 안 맞는 사람은 누굴까요?

신 혼자 있는 걸 좋아하는 사람은 절대 안 맞을 것 같아요. 사색하는 걸 좋아하고 내면의 깊이를 계속 탐구하려는 사람들은 예능 PD보다는 교양 PD가 어울리겠네요. 다큐멘터리 PD를 보면 자연을 깊이 탐구하더라고요. 혼자 해야 되는 일도 많고요.

청소년 시절에 어떤 경험을 하면 좋을까요

편 청소년 시절에 어떤 경험을 하면 좋을까요?

신 PD 중에는 청소년 시절부터 종교 활동이나 학교 동아리 모임, 봉사 활동 등을 열심히 했던 친구들이 많은 것 같아요. 주위 사람들이랑 같이 어울리는 걸 좋아했던 거죠. 학교 축제나 행사, 청소년 종교 행사 등을 기획했던 친구들이 예능 PD가 되는 경우가 많아요. 학교 밴드나 방송반, 흑인 음악 동아리도 했더라고요. 청소년 시절부터 다양한 모둠 활동을 하는 게 예능 PD로 살아가는 데에 정말 도움이 많이 되는 것 같아요.

인생의 멘토는 누구예요

편 선생님 인생의 멘토는 누구예요? 제일 힘들 때 찾아가는 선배나 선생님이요.

신 제 아내가 작가였어요. AD 시절에 만난 막내 작가인데, 저와 아내를 연결해 준 선배인 신종인 PD를 가끔 찾아가서 인사드려요. MBC의 〈영 일레븐〉이라는 프로그램 만드신 분인데 깊이 존경하고 있어요. 송창의 PD, 김영희 PD도 제가 너무 좋아하고 따르는 선배님이고요.

마음속 멘토는 돌아가신 신영복 선생님이에요. 그분의 인생과 발자취, 강의 등 모든 글을 좋아해요. 사람에 대한 시선이 따뜻하게 느껴져요. 엄청난 양의 전문 지식도 누구나 알아들을 수 있는 쉬운 언어로 전해 주시고요. 무엇도 자랑하지 않고, 더욱더 자신을 낮추는 삶의 태도를 많이 배웁니다.

실패담과 성공담이 궁금해요

⊞ 인생의 실패담과 성공담이 궁금해요.

⊞ 2003년에 〈17대 1〉이라는 프로그램을 만들었어요. 남자들이 싸울 때 "내가 17대 1로 싸워 봤어."라는 허세를 부리잖아요. 그걸 컨셉으로 잡았죠. 당시에 핫한 젊은 남자 연예인들을 데리고 하는 일종의 토크쇼였는데 〈무한도전〉 같은 프로그램을 만들고 싶었던 것 같아요. 여자 연예인 한 명이 MC 다섯 명 중의 한 명을 선택하는 포맷이었는데, 첫 회에 당대 최고의 여가수가 나왔죠. 세트도 특이하게 2층으로 만들었고, MC로 유재석, 남희석, 신동엽 씨와 같은 기존 얼굴이 아니라 새로운 얼굴을 발굴하겠다는 자신감으로 하하, 팀, MC몽, 강두 등 신인들만 썼습니다. 그런데 녹화하다 보니 내용이 이상하게 흘러갔어요. 소위말해서 여자 연예인 한 명을 놓고 남자 연예인 5명이 달려드는 선정적인 프로그램이었던 거죠. 첫 방송이 나가자마자 사회적 지탄을 받고 프로그램은 바로 폐지됐어요. 당시에 저는 정말 자신 있었어요.

'내가 새로운 젊은 MC들을 데리고 새로운 경향의 쇼를 만

들어 보리라.'

지금 되돌아보면 내가 욕심만 있었지, 수위 조절도 제대로 못했던 것 같아요.

성공담은 AD 시절에 만든 〈아름다운 TV, 얼굴〉이라는 프로그램이에요. 〈스타 모놀로그〉라는 인터뷰 영상을 만들었어요. 그 전까지는 스타를 인터뷰할 때 카메라를 고정해서 일정한 화면 비율로 찍었죠. 그런데 AD인 저에게 찍어오라고 해서 "제가 인터뷰를 좀 다르게 찍겠습니다. 카메라 2대만 주세요."라고 말씀드렸죠. 그 이전까지 인터뷰는 카메라 1대로 찍는 거였어요. 저는 카메라 앵글을 여러 각도로 다양하게 주면서 인터뷰를 하면 지루하지 않고 그 사람의 내면을 더 많이 볼 수 있을 거라는 생각이 들었어요. 제가 생각한 그대로 카메라에 다양한 움직임을 주면서 인터뷰를 했는데 정말 예쁜 영상이 나왔어요. 선배가 보더니 "야, 이거 새롭다. 앞으로 모든 프로그램의 인터뷰가 다 이렇게 바뀔 거야."라고 하셨어요.

사실, AD 시절이라 정말 그렇게 될 지 몰랐는데 한 달이 지나니까 곳곳에서 제가 했던 포맷을 다 따라 했어요. 제가 만든 인터뷰 영상이 유행하는 걸 보니 정말 기뻤어요. 프로그램의 성공보다 하나의 유행을 만들어 냈다는 기쁨이 더 컸던 것 같아요. 다른 사람들이 인터뷰 찍으러 갈 때 "〈아름다운 TV 얼굴〉처럼 찍어 오래."라는 이야기를 들으면 그게 너무 좋았죠.

___지금은 종영됐지만, '박상원의 아름다운 TV 얼굴'이란 프로그램이 있었다. 이 프로그램에 '셀프카메라'란 코너가 있었는데, 6mm 카메라로 스타들이 자신의 일상과 가족, 그런 소소한 이야기들을 찍는 거였다.

특별할 것 같은 스타들의 평범한 일상들은 좋은 반응을 보였고, '셀프카메라'라는 신조어와 함께 꽤 긴 시간동안 사랑을 받았었다. 그 중에서도 스타들의 가족에 대해 시청자들은 많이 궁금해 하고 재미있어 했다.

– 〈문화일보, 2005년 3월 22일자 기사〉

어떤 아빠세요

편 선생님 아이들 이야기도 들려주세요. 어떤 아빠세요?

신 저는 두 아들을 키우고 있어요. 둘 다 희망하는 직업이 PD예요. 아빠 직업을 되게 좋아해요. 어린 시절부터 연예인들 만나러 가는 자리에 아이들을 데리고 갔죠. 콘서트에 가면 같이 사진도 찍고 하니까 '우리 아빠가 정말 대단한가 봐.'라고 생각한 것 같아요. 물론 '내가 과연 그 시험에 다 통과해서 PD가 될 수 있을까?'라는 고민도 하더라고요.

저는 아이들을 사랑하는데. 큰아들은 저를 좀 어려워하는 것 같아요. 작은아들은 살갑게 행동하고요.

큰아들이 대학에 합격해서 아주 기뻤어요. 작은아들은 힙합을 하고 싶다는데 〈고등래퍼〉 예선에 나갔다가 떨어졌고요. 그래도 재미있나 봐요. 둘 다 음악을 좋아해요. 아이들에게 음악을 많이 들으라고 항상 말하죠. 아이돌, 힙합, 클래식 상관없으니 많이 듣는 게 좋다고 말해줘요.

원래 자식은 부모님 말씀을 듣지 않잖아요. 저도 마찬가지였어요. "A는 B야."라고 친구들이 말하면 듣는데 부모님이 이야기하면 안 들려요. 우리 아이들도 그렇지만 그래도 두 가지 만큼은 인정해요.

아빠가 맛집이라고 하는 곳은 정말 맛집이다.
아빠가 좋은 음악이라고 하는 음악은 정말 좋은 음악이다.

아이들이 그거라도 믿어줘서 다행이에요.(웃음) 아빠를
조금이라도 인정하고 있으니까요.

[편] 〈더 마스터-음악의 공존〉을 보고 뭐라고 하던가요?
[신] 좋은 프로그램이지만 자기의 취향은 절대 아니래요.(웃음)

[편] 두 아들이 좋아하는 연예인은 누구예요?
[신] 작은아들은 힙합을 좋아하니까 힙합 뮤지션을 좋아하고
요, 큰아들은 아이유를 정말 좋아해요. 가서 함께 사진도 찍었
어요.

[편] 아빠 일의 힘든 점도 좀 알 것 같은데요?
[신] 귀가가 많이 늦는 일이라는 건 알고 있죠. 큰아들을 키울
때는 편집하느라 집에 못 가는 경우가 많았어요. 아이들과 놀

아줄 시간이 없었죠. 작은아들은 덜했는데 큰아들에게는 미안
함이 있어요.

선생님의 미래는 어떤 모습일까요

편 선생님의 미래는 어떤 모습일까요?

신 저는 죽을 때까지 PD로 남고 싶어요. 지금 M.net에서 일하게 되어 아주 좋아요. 음악 방송을 할 수 있는 최고의 방송사죠. 우리나라 대중음악의 발전을 위해, 모든 음악의 공존과 지친 사람들의 행복을 위해 뭔가 해야겠다는 생각을 많이 해요.

MBC에서 〈나는 가수다〉나 〈아름다운 TV 얼굴〉, 〈게릴라 콘서트〉 할 때 그런 생각을 했어요.

'이 작품이 정말 잘 돼서 나중에 두고두고 자료 화면으로 쓰이면 좋겠다.'

그 꿈이 이루어졌죠. M.net에서도 그런 작품을 꼭 만들고 싶어요. 정말 멋진 음악 프로그램을 하나 만들어서 방송 역사에 남기고 싶은 꿈이 있어요.

예능 PD로서 어떤 세상을 꿈꾸시나요

편 예능 PD로서 어떤 세상을 꿈꾸시나요?

신 세상이 점점 좋아진다는 걸 느끼고 있어요. 평창 올림픽 때 아이스하키 남북 단일팀이 만들어졌잖아요. 젊은 사람들은 공정성에 어긋난다, 남측 하키 선수들 중의 한 명이라도 손해를 봐서는 안 된다는 의견들이 조금 있었죠. 저는 이런 소수 의견이 존재할 수 있는 사회가 좋은 사회라고 생각해요.

공정성, 정의 같은 단어들이 사람들의 입에 오르내리는 세상이 좋은 세상 아닐까요? 소수 개인의 의견과 다수 전체의 의견이 다 함께 존재하는 사회가 좋은 사회라고 생각해요. 2016년 겨울, 광화문 촛불을 시작으로 2018년의 미투$^{Me\ Too}$운동까지 사회는 계속 변하고 있어요. 제가 89학번인데, 그 당시 사람들이 바꾸려고 했던 것들이 30년이 지난 지금에서야 전부 바뀌고 있어요. 물론 부작용도 있겠죠. 그리고 아직 바꿔야 할 것들이 많고요. 특히 갑질 문화, 비공정 문화는 반드시 사라져야 합니다.

다시 태어난다면 어떤 직업을 갖고 싶나요

편 다시 태어난다면 어떤 직업을 갖고 싶나요? 어떤 인생을 살고 싶으세요?

신 PD라는 직업은 이번 생에 잘 했으니까 만약 다시 태어난다면, 혹은 다른 직업을 가질 기회가 내게 주어진다면 선생님이 되고 싶어요. 제가 마지막으로 하고 싶은 프로그램이 학교와 학생에 대한 작품이에요. 학생들이 너무 좋아요. 예능 PD여서 항상 젊게 살고 싶은 마음도 있지만 저는 학창시절에도 학교가 너무 좋았어요. 어른이 되어서도 중학생, 고등학생들이랑 이야기하는 게 신나고요. 학교에 가서 학생들과 이야기하는 게 좋다는 느낌이 있기 때문에 선생님도 되고 싶고, 학교와 관련된 프로그램도 만들고 싶어요.

내가 학생들에게 무언가를 가르치고 싶어서 선생님이 되고 싶은 건 아니에요. 무한한 미래를 가진 학생들과 함께 있는 게 좋아요. 새로운 세대에게 배울 수 있는 게 참 많거든요. 학교에서 학생들과 함께 생활하면 세상이 어떻게 바뀌고 있는지 제대로 배울 수 있지 않을까요? 다음 세대를 접할 수 있는 최고의 매력 장소가 학교이고, 그걸 어른들에게 가르쳐 주는 최고의 선생님이 학생들이라고 생각해요.

편 좋은 말씀 감사합니다.

〈잡 프러포즈〉의 기획 의도는 이거였어요. 부모님이 판사면 아이들도 판사를 꿈꾸고, 부모님이 의사면 자녀들도 의사를 꿈꾸죠. 이 세상에는 정말 다양한 직업이 있는데 우리 학생들이 가깝게 접할 수 있는 직업이 너무 한정되어 있어요. 부모님의 직업이 아이들의 직업이 될 수는 있지만, 아이들의 꿈이 부모님의 직업이나 환경에 한정되지 않기를 바랍니다.

이 세상의 모든 직업이 우리 학생들을 향해 문을 활짝 열기를 바라는 마음입니다. 자신의 적성에 맞는 일을 찾아내면 선생님이 말씀하신 대로 고생조차 달콤한 행복한 인생을 살게될 테니까요.

이 책을 마치며

편 선생님과 함께 이 마지막 페이지까지 달려온 학생들에게 인사 말씀 해 주세요.

신 재미있게 살고 싶다면 예능 PD를 직업으로 택하세요. 재미있는 인생이란 세상을 긍정적으로 바라보면서 사람들과의 소통을 중요시하는 인생이에요. 예능 PD는 내 노동의 결과물을 주위 사람 모두와 공유하면서 많은 이야기를 나눌 수 있는 행복한 직업입니다. 물론 많은 관문을 거쳐야 해요. 그렇지만 자기 적성에 맞는다면 반드시 해낼 수 있습니다. 고된 시간 속에서도 깊은 충실감과 즐거움을 찾아낼 수 있어요. 지금부터 내 눈앞의 한 사람 한 사람에게 관심을 가지세요. 그들이 무슨 생각을 하고 있는지, 왜 그런 생각을 하고 있는지 함께 고민해 보세요. 눈앞의 한 사람을 소중히 하는 당신, 그 사람의 슬픔과 즐거움에 공감할 수 있는 당신은 미래의 유능한 예능 PD입니다.

방송하는 사람들이 제일 좋아하는 말이 있어요.
"재미가 없으면 TV가 아니다."

재미있는 인생이 예능 PD의 인생이다!

웃음이 끊이지 않는 이 길에서 여러분을 기다리고 있을게요.

지금까지 함께 해 주셔서 감사합니다.

편 너무 즐거운 시간이었습니다. 선생님의 모든 것을 열고 함께 대화해 주셔서 정말 감사합니다. 사람들과 공감하며 소통하는 인생이 얼마나 즐겁고 행복한 인생인지 저도 다시 배웠습니다. 이 책을 읽는 청소년 여러분도 같은 생각일 거예요. 우리 청소년들이 적성에 맞는 좋은 직업을 찾아 행복한 인생을 살아갈 때까지 선생님께서 멘토가 되어 주시리라 확신합니다! 우리들도 선생님의 멋지고 행복한 인생을 응원하겠습니다. 잡프러포즈 예능 PD 편을 마칩니다. 우리 모두의 재미있는 인생을 응원하며 모두 함께 파이팅!

청소년들의 진로와 직업 탐색을 위한
잡프러포즈 시리즈 16

재미있게 살고 싶다면

예능
피디

2018년 6월 25일 | 초판1쇄
2023년 10월 16일 | 초판6쇄

지은이 | 신정수
펴낸이 | 유윤선
펴낸곳 | 토크쇼

편집인 | 김수진
디자인 | 김경희
마케팅 | 김민영

출판등록 2016년 7월 21일 제2019-000113호
주소 | 서울시 마포구 월드컵북로98, 2층 202호
전화 | 070-4200-0327
팩스 | 070-7966-9327
전자우편 | myys327@gmail.com
ISBN | 979-11-88091-29-4(43190)
정가 | 15,000원